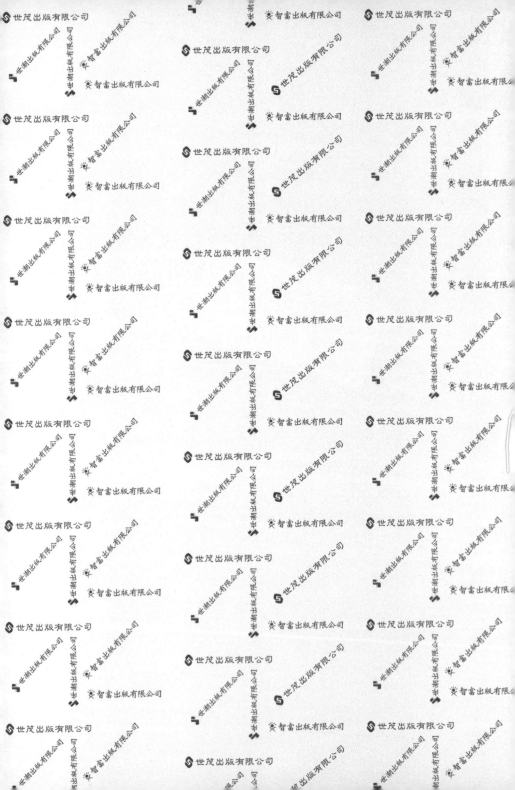

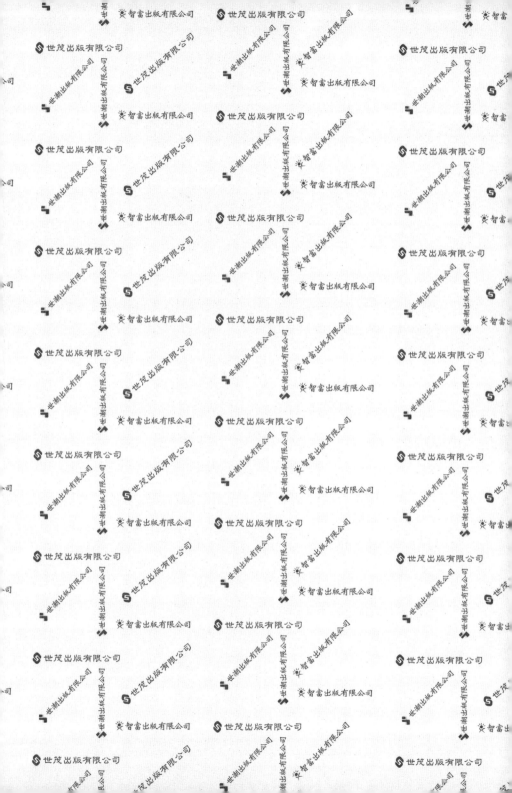

# 過度教養

## 危險的乖孩子、控制狂媽媽和缺席的爸爸

お母さんはしつけをしないで

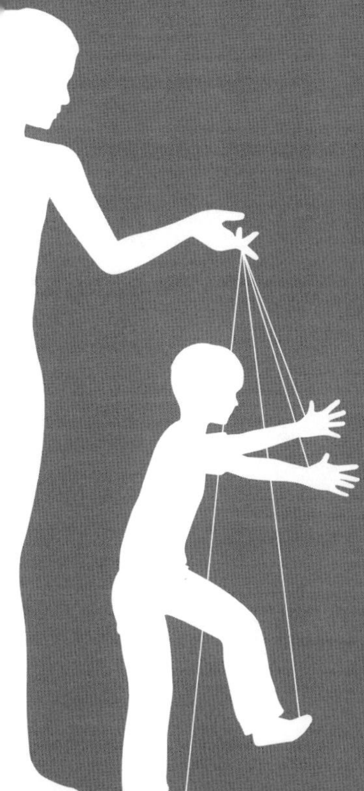


心岐阜臨床心理中心主任
心理療法・犯罪心理・人格障礙專家
長谷川博一◎著
馬淑媛◎譯

※本書原名為《壓力鍋下的孩子》，經修訂並更名為《過度教養：危險的乖孩子、控制狂媽媽和缺席的爸爸》

# 前言

## 如果你這麼想

「媽媽不要管?這是什麼呀?根本沒有道理嘛!」

看到書封上的文字而覺得刺眼的人應該很多吧!孩子如果不好好教養,不讓他學會必要的生活態度,以後就會成為學習怠惰,碰上討厭、難處理的事就會躲得遠遠的大人吧!當這種大人一多,社會就會變得腐敗……。

不,不,不!絕不會有這樣的情形發生。就是要讓孩子健康地成長,成為社會上有用、有自律性的大人,才會要媽媽們停止教養。所以,我希望透過這本書,讓更多的人了解到這件事。

因為現在孩子所處的環境,已經和從前有著非常大的差異。而「教養的後遺症」,正以各式各樣的問題,呈現在大家的面前。而這些後遺症特別會發生在媽媽熱心管教的孩子身上。

我想透過本書，對媽媽們的「想法」與「心情」兩方面發出我的呼籲。可能的話，我想對更多的媽媽說明我的想法。

我深信單單閱讀，在媽媽們的心裡一定會引起相應的「變化」。也許這個變化並不是眼睛看得到的，但最終一定會看到孩子在樣貌上的改變，這個改變甚至會影響整個家庭。

反過來說，接下來的這些人，我得要先斷然地拒絕你們，請你們不要讀我的書！因為讀完之後，萬一產生了意料之外的改變，而怪罪我說「為什麼要這樣教我？我根本不打算這麼做！」的話，也只是事後諸葛了。

所以如果你剛好符合接下來我所列舉的「不要讀的人」，那麼就請你看到這裡為止，把書闔上吧！這是來自有實戰經驗的諮商師忠告。

我希望你「不要讀」的人，是指對於「孩子的存在」，堅信下列所舉的五個項目是必備的，並且完全無法放手不管，對此不認同的人。心中堅信「這是為孩子好」，並自覺對自己要改變這件事有所抗拒的人。

但是，即便現在有以上這些想法，卻又想著要看看情況再說，或許可以試著挑戰「放棄原來的想法」，那麼你應該可以繼續閱讀本書。

我的「教養論」完全超越單純的個人經驗，是由長年的臨床經驗得來，不過還是脫離不了我的一貫主張。所以，也歡迎想要看看不同的見解，想要藉此回顧自身經驗的媽媽們！因為諮商的工作充其量就是協助冀求改變的人們。

下面五個想法，你能放手嗎？

1為了孩子的將來，從小就應該讓他努力學習。
2孩子要學會努力和忍耐，一定不能造成他人的困擾。
3孩子要時時尊敬父母師長，並要遵從他們說的話。
4人不應該隨便哭泣、生氣，任意將情緒發洩出來。
5父母不可以對孩子的話言聽計從，這只不過是寵孩子的行為。

相反的，無法順利依照前面這五個想法教養孩子，每天過著下頁所寫的痛苦日子的父母們，無論如何，請務必讀下去，也許你會發現效果很顯著。

6正在煩惱不能按照自己的想法教養孩子。
7孩子有一些「問題」與「症狀」出現，感到苦惱。
8有時很討厭不擅教養孩子的自己，感到沮喪。
9很在意家人關係的不圓融。

## 歸還「教養帳單」

前面所提到1至5的項目中，大多數的媽媽常常不知不覺就對孩子伸出食指指責孩子，因為在教養當中充滿了這樣的誘惑。用這樣的期待去教養孩子，你會沒有時間停下來，回頭去想想自己的教養方式，那麼，想要免除「媽媽對孩子的強烈期待轉化為仇恨」的悲劇是很困難的。接下來我要說的或許聽來像是威脅，但持續這樣的教養方式，說不定幾年後，媽媽跟孩子就需要找心理諮商了！

因此，想下決心將這五個想法翻轉的話，那麼這就是我說的「現代版的教養奧義」。

如果你正好處於6至9項目，那麼你已經站在「翻轉」的起點位置。因為你已經開始起心動念地「想要改變自己」了！

又或者，煩惱的你，孩子還很小的話，那麼現在就是你從「零」開始的機會。妳可以開始把「幸福」擺在最優先，輕鬆快樂地育兒。

如果孩子剛從幼稚園畢業，或還是小學生，那麼教養之路雖然已經過了一半，但如果你還有點耐心，那麼勇敢回去面對你之前累積的「教養帳單」，孩子會有很大的轉變。只要越早做就越能以最小的力氣達成。

現在開始做，就相當於你與孩子相處時間的「重來」。累積的「帳單」越厚，回到原點所要投注的能量也越大。

如果孩子已經是國中生或高中生的話，教養已接近「完成」階段，我想，教養所累積的「帳單」應該已經累積到非常厚實。這時候要重來，想要修正人生的軌道也並不是不可能的。即使無法完美地重設，卻也非得部分面對不可。因為帳單不會在一個世代就結束；比較危險的是，帳單會隨著世代累積而逐漸加增。

想想看，青春期以後的孩子，依帳單大小以及內容的不同，親子之間總會展開一場激戰吧！我特別想強調的是，最大最強的帳單是「危險的好孩子」！當這樣的孩子被要求重新做個「符合孩子的孩子」時，他們經常就會非得有個不符合年齡的幼稚時間來療癒自己。例如，讀高中的女兒像小嬰兒一樣要求與媽媽抱抱親親的肌膚之親；而兒子執拗地「就要這麼做，就要那麼做」地發脾氣耍賴、強烈反抗……。

關於隨著年齡的增長，迎接自立期的小孩（＝成人）的大帳單，本書盡量不涉及。因為，那已經不是「教養」的領域，而是「臨床」或「病理」的層面，單靠媽媽們努力做些什麼，也很難去處理。我想這部分還是需要仰賴專業的協助。

符合後四個項目，正站在變化起點的母親們，我想應該正面臨著符合不同年齡孩子的「帳單」吧！但是，無論怎麼說，光是能從中發現自己該做的事，就已經純屬難得。這全然歸功於你能接收到孩子所發出的訊號。

那麼，就讓我們一起來趟「教養」的主題之旅，出發吧！

〔目錄〕



# 1 教養與少年事件

# 2 教養的單向性

## 3 阻擋「信念」的高牆



## 4 發生在「普通媽媽」身上的事

# 5 管教的後遺症

## 6 教養過度的孩子們



## 7 沉重的「教養後遺症」

# 8 對「請不要教養」的反論

## 9 媽媽們的心情



## 10 媽媽之所以走上「父性」一途

# 11

# 媽媽的急救箱

## 12 改變態度獲得「澈悟」



## 13 對孩子過度關心與不關心

# 14 疼愛心中的「孩子」

# 1 教養與少年事件

## 長崎傳來的悲訊

從這裡開始，我想就「媽媽的教養」來說明，也許有些唐突，但請容許我從少年事件開始談起。這是足以震撼社會的、窮凶惡極，且動機難以清楚解釋的一個事例。

首先我要談的是長崎市十二歲（國中一年級）的少年事件。

二〇〇三年七月一日，一個四歲男童從大樓樓頂被推下慘死的事件。相信這是讀者們都還記憶猶新的新聞。這個少年從以前開始，就經常把年幼的孩童帶到隱密的地方「亂搞」。諷刺的是，聽說他還是一個讓幼童們有安全感的大哥哥。

然而就在那一天，發生了一件他料想不到的事情。當他在大樓頂樓對幼童胡做非為時，突然發現有監視器，因此讓他陷入了極度的恐慌。

家事法庭根據專家所做的精神鑑定報告，認定這個少年患有「亞斯伯格症候群」

（Asperger's syndrome，自閉症的亞型，屬於廣泛性發展障礙〈Pervasive Development Disorder〉的一種）。同時。判決書中雖然也載明「亞斯伯格症候群確實對本事件有影響，但和犯行並沒有直接關係」。然而這樣的說明反而讓所有的媽媽們感到不解與憂心。

亞斯伯格症候群的這種小孩的（廣義的）疾病與事件有什麼關係呢？大家紛紛在臆測。

就像許多專家所談論的那樣，亞斯伯格症候群的確不會與殺人等犯行連結在一起。可是，發生凶殺事件的少年被診斷出有亞斯伯格症候群，也發生在其他案件上。

亞斯伯格症候群到底是什麼？就此加以解說並不是本書的目的，但如果就這麼帶過去，好像又對讀者不夠設想周到，所以下面再做一簡單說明。

首先要確認的是，日本最近（約從五年前開始）才開始使用這個診斷名。即使現在，醫師之間也有意見相左的部分，這一點希望讀者能夠了解。

這個病症的發病被視為與遺傳有關，它的發生率約是〇．五％，也有一說是一％。而這些孩子的外表看起來，與一般小孩沒有什麼太大的不同。

如果要說明主要症狀，我想舉出下列兩點。

一、不善與他人溝通。無法適切地把自己的意思、感覺傳達給對方；而對對方所傳遞出的訊息，也無法完全正確地接收。因此，很難與他人建立親密的人際關係。

二、固執於特定的事物、行為，不斷重複做相同的事，對非常細微的事情能記得清楚。

擁有這兩項特徵，再加上聰明、沒有語言遲緩問題，就是所謂的亞斯伯格症候群。但是，有這種特徵我認為也未必是不好，倒不如應該把它視為是那個孩子的「特殊氣質」。有時候，因為讓這獨特的氣質開花結果，而在這社會上獲得高評價的人也不少。

例如以「好人」而受歡迎的超人氣諾貝爾化學獎得主田中耕一，事實上也有人說他有亞斯伯格症候群的特徵（當然他沒有做過那樣的診斷）。

## 最近的凶殘少年事件

在少年事件中，第一個採用亞斯伯格症候群鑑定的是一九九九年五月一日，發生在愛知縣豐川市十七歲（高中三年級）少年刺殺一婦人的案例。那個時候，少年表示他的動機是「想要體驗殺人的滋味」。

兩天後的五月三日，這一次是佐賀市的十七歲少年在搭乘公車時，把小學一年級的女孩當作人質，並把婦人殺傷。這個時候的鑑定用了不一樣的診斷名，然而也有不少專家認為他也是亞斯伯格症候群的一員。

之後，岡山的十七歲（高中三年級）棒球社球員，用金屬球棒將母親殺害。也就是說「十七歲少年事件」接二連三地發生了好幾起。

由這些事件往前追溯到三年前，也發生了一起任誰都會不寒而慄的殺人事件。一九九五年二月至五月，在神戶發生連續兒童傷害事件。一個自稱「酒鬼薔薇聖斗」的十四歲（中學三年級）少年，殺害小四女童和小六男童，並將寫著「遊戲開始了」的便條紙和男童的頭一起放在一所小學校門口。並且，他將犯罪聲明一次又一次地發送給當地媒體。

現在這個少年已經完成在少年醫療院的更生課程，目前在回歸社會的測試階段。他真的可以重新做人嗎?對被害家屬的照顧要怎麼做?這些問題再度引起了激烈的討論。

最後，我想提二〇〇二年十一月一日，在大阪府的河內長野市，十六歲（高中一年級）的少女與十八歲（大學一年級）的少年所發生的事件。兩人計畫互相把自己的家人殺害，然後住在一起，之後再一起自殺。少年早一步實行計畫，用菜刀將母親殺死，父親和弟弟受了重傷，而少女則是犯行未遂。然而，在這事當件中，究竟誰扮演主導的角色，我反而覺得應該是少女。

## 讀懂事件的關鍵是「教養」

舉了最近幾個足以代表的少年事件，那麼，現在差不多該進入主題了。究竟，這些事件和教養有什麼樣的關聯呢？

我想有一件事是要先確認的，那便是犯罪基本上不是遺傳所引起的。純潔無瑕的嬰兒在「哇哇」聲中誕生，他可還沒有準備好面對將來要發生的事。

如果假設確實有暴力遺傳基因的存在（尖端科學正在研究中），但是，暴力性要如何成為實際的行動？遺傳基因可是沒有辦法參與的。例如，為了要毆打家人或是不認識的外人而使用暴力，或是成為拳擊選手給予對手一擊，這兩者的不同，不是由遺傳所能決定的。

會產生這樣的不同，換句話說，要重視引起事件這個人的「成長歷程」。成長歷程是累積問題的經驗，而這就是「教養」。如同本書標題所揭露的，我認為那個主角現在是媽媽。

我一點也沒有要追究媽媽的責任（這個理由後面再做說明），因為這樣的態度完全沒有意義，反倒會讓媽媽們陷入惡性循環。雖然這是個不幸的事件，在現實中卻常常會遇到。

此外，體罰和暴力不單只是有問題，更要注意的是「好的教養」。孩子為了要回應父母的期待，會努力地往雙親所期望的那一條理想道路而走去。

這裡介紹的少年事件都有一個共通點，就是現在、或是更早之前，他們都非常聽從父母的話，而且是那種沒有自我主張的老實型孩子。他們有非常優異的成績，擔任學生會的幹部，在路上碰到人會有禮貌地打招呼……。

被教養成這麼好的孩子們，竟然會發生凶殘事件，各位讀者難道不會覺得「這是個重大事件」嗎？

## 事件前的教養實態

在長崎少年的事件中，中學一年級的他，期末測驗五科共考了四百六十五分，還受到公開的表揚。小學六年級的時候，他在本子上大大地寫著「努力最真實」。即使從學校回到家，他也穿著學校指定的服裝外出（那運動鞋鞋印就是學校所規定的鞋款）。

豐川市的十七歲少年，他是高中的跳級班學生，成績還在班上的前幾名。在運動社團練習時，也是同學們的模範，待人親切，是大家公認的優等生。當時的報紙還以「對優等生發出逮捕令，高中老師們震驚！」為標題。實在是犯行與平時的行為有著太大的落差了。

佐賀的打劫公車少年從小學開始就是好學生，中學二年級的時候還是全學年的第二名。但是，三年級似乎是個分界點，他離開了優等生這一條路。

一連串的「十七歲少年事件」，還有兩年前，在一九九七年春天連發（我的調查中兩個月發生十七件）的「中學生扁鑽事件」，這些事件都是相同型態，也就是說在事件發生之前，他們都是被教養得很好，很懂事的少年們。

河內長野市的殺人、自殺未遂事件中的少女，在高中時是一個優秀的文藝少女，中學時代是學生會的幹部，非常受到老師的信任。

從優秀的學業成績這個共通點來看，我想指出**度過「被勉強」學習的孩童時期**，這樣經歷的問題性。從幼兒期開始，就被強力逼迫要努力念書，力量微弱的孩子根本無力反抗。畢竟，孩子的心終究會被扭曲……。我是這麼想的。

為了不要造成誤解，我想進一步解釋的是，我並不是主張因為孩童時期會念書就會發生這類的事件。但是，先把這個想法放在心裡也未嘗不是好事。

順帶一提，發生事件的少年們的母親，有很高的比例擔任的都是教職。

## 母親是主角

上述事件的少年之中只有神戶的少年，似乎並不是從小就很會念書的孩子。但是，他卻常常被拿來和弟弟做比較，而且他也常遭到母親偏心地責罵。附近鄰居都有印象，每當一聽到弟弟的哭聲，接著馬上就可以聽到媽媽怒罵哥哥的聲音。

而這些事件中，媽媽不是主角的事件，只有豐川市的少年一人而已。他自一歲的時候父母離異以來，就再也沒有和媽媽見過面。包括別居的媽媽在內，一起居住的父親、祖父，都是學校老師，這就不是一句「巧合」可以說明的了。

由分析得知，除了這一件是例外之外，其他事件都與媽媽有重要的關係。

岡山的十七歲少年用金屬球棒殺死媽媽的理由非常另類。據說他的動機來自於，他在社團活動中突然暴怒而打傷其他同學，而且誤以為該同學已死亡，而為了不要讓父母成為「可憐的殺人犯的父母」因而動了殺機。

長崎的少年在家事法庭的審理中說：「雖然我想要媽媽來，但是實在太對不起她了，所以我不希望她來。」附近鄰居都看過他和媽媽牽著手走路的樣子，可以看出母子間是很親密的。當被逮捕接受偵訊時，他用「那傢伙」來稱呼媽媽，並且與之怒目相視的樣子，跟鄰居口中的那對母子形成強烈的對比。後來也得知，爸爸對於孩子的教養毫不關心，完全交由媽媽處理，夫妻關係似乎也不太好。

我也因為法庭上的工作，有很多機會與被告接觸。不只是少年事件，即便是成人的犯罪，也大多根源於幼年時期與母親的關係。因此，在這裡我想稍微談一下池田小學兒童殺傷事件中的宅間守元死刑犯。

當時被法院判定禁止會面的被告宅間守元，在一審被判死刑後，我獲得允許前往探視他，這也讓我們有了二度會面的機會。這個時候我能確定的是，他和媽媽之間的關係有著重大的秘密。對於遭受父親虐待的事，他說得很積極，然而只要話題一轉到母親身上，他就緊閉嘴巴絕口不提。他的心理拒絕面對這個重大的問題。

我們由他反覆和與母親年齡相仿的女人結婚、離婚這個事實來看，就可以窺見他和母親有很深的糾葛。

之後，當死刑確定到執行之間，我和他會面了十三次，對於母親，他只說了「（被父親毆打）每次總是滿臉是血」這麼幾句而已。

## 發展障礙兒與母親們

我們再回到亞斯伯格症候群的孩子們與事件關連性的話題。

他們和其他的孩子多少在「個性」上有些不同。從社會的價值標準來看，他們具有被扣分的特質。例如，會有非常不擅長的科目，常常會忘東忘西，無論被糾正幾次還是會犯相同的錯誤、一點效果也沒有……。儘管那是與生俱來的，但父母們卻要想盡辦法讓孩子和「普通小孩一樣」，這是所謂的天下父母心。

但是，無論怎麼努力也不見絲毫改善，使得父母親也就越發地焦躁不安。再加上經常會被周遭的人說「家教不好」，因此也就在不知不覺當中對孩子使用嚴厲的口吻，或是加以體罰讓孩子聽話。

這是典型的惡性循環。教養的無限擴張，遲早會超過負荷，進而衍生出一些症狀的事件。這是我的解釋。

就拿長崎的少年來說，因為他有亞斯伯格症候群的症狀，所以從小就固著於自己的性器官（性器官玩弄癖）。我想媽媽對於他的行為一直以來一定是很嚴厲地加以斥責。而被迫制止的衝動無處可發洩後，他只好轉而在媽媽控制不到的場所，對比他幼小的孩童發洩。家事法庭的審判中也記錄著「拜託拜託，請不要把這件事（對性器官的固著）告訴媽媽」的懇求。

我想他母親藉著懲罰之力，讓他體驗了恐懼與害怕，無疑地他一定是經歷了來自媽媽強勢的教養。如果，媽媽對於孩子固著於性器官這件事能給予更大的包容空間的話，雖然或許他在適應社會這一塊還是會有些許的困難，但至少可以避免這樣的悲劇發生。

除此之外這個少年，還有一個總是要問路人「現在幾點鐘？」的習慣。我猜想特別是下午六點半這個時間對他有重要的意義。也許他天生就對時間特別敏感，再加上沒有準時回家就會被嚴厲責罵之下的相乘效果吧！

## 「好孩子」與「壞孩子」同在一起

在強勢的教養下，會讓孩子的心產生多麼大的變異呀！從前面所述及的事件，想必讀者能從中解讀出幾個重點。沒錯，就是「好孩子」與「壞孩子」的樣子，其實並沒有多大的差別。簡直可說是像雙重性格一般，是極端的兩面性，就像在人格中所製造出的「光」和「影」。

兩面性在長崎少年畫的自畫像中充分顯露。下一頁的畫是他小學六年級的時候的畫作。我一看到它，在驚訝的同時也理解了他的心態。哆啦A夢抱著露出獠牙受傷的狗（屍體），眺望遠方……。沒錯，他的心分裂成哆啦A夢和小狗。

繪畫在心理測試中常常被運用，因為它很容易反映出無意識的狀態。他並不是自覺到自己的雙重性格，而畫出這樣的畫，而且他也沒有接受心理測驗時的那種警戒心。漫不經心畫出的畫才更容易表現出它內心深處的想法（這稱之為「投射」）。

我再稍微補充說明一下。哆啦A夢是國民偶像，大家都喜歡他（＝好的評價），所以可以把這部分視為是他在演出回應大人期待的部分。在另一方面，小狗則表示他在壓

長崎少年的自畫像

抑自我，隱藏不想讓人看到黑暗的那一部分，象徵著不是父母親期待的「不行的兒子」。小狗身上的傷表示他被否定、被責備受傷的心；同時，從露出獠牙的樣子，可以窺見他對此感到非常的憤怒。

在自畫像的背景中，畫了部分被雲遮住的月亮，在幽暗的月夜，不容易讓人發現的狀況下，他把極端分裂的自己悄悄地表現出來了。在這裡，他躲開旁人耳目，向自己可以支配的幼兒伸出狼爪的心，忠實地表現了出來。

河內長野市的女高中生的兩面性也是非常顯著。一面是很會念書的優等生，另一面則是個熱愛「哥德式蘿莉塔」，也就是以黑色為基調，再配上白色皺摺的異樣裝扮。她在她的名為網誌「發狂的歌」的上面放著張她拿刀割自己的手腕，而血流滿整個手腕的照片。在她被逮捕後，也與豐川市的少年幾乎一樣地供述說「想試試殺人的滋味」。

像這樣的兩面性，在被媽媽嚴厲教養下的孩童間一點一點地擴大開來。所以，我才要停止「媽媽們，適當的管教孩子！」這樣曖昧的說法，強烈地訴求「媽媽們，停止管教孩子！」

## 支撐母親的社會

讓我感到痛心的是，因為我很了解像這樣把孩子逼到絕境的教養中，背後都有一個媽媽單方「希望教養出好孩子」的強烈期望在。換句話說，那也是愛孩子一種表現。

的確，當我們身處於一個即使父母的教養方式有問題，卻以冷眼相對，並將責任全數歸於父母身上的社會時，任誰也難以自容。對於判定長崎少年媽媽有罪的家事法庭的判決，我想提出異議。

因為這不單只擁有亞斯伯格症候群孩子的家庭，這是即便在任何地方發生都不足為怪，是父母親的愛驅使「教養的暴走」這樣悲傷的現象。幸運的沒有成為事件的當事者，總是忍不住地給予在悲劇漩渦中人們冷淡的目光。或許正是那種目光中的訊息，更加驅使著煩惱的母親更往管教裡去。

熱心教養子女的母親們，大家要注意了！

在本書中，很少觸及父親這一部分。當然，對孩子的成長，父親也扮演著重要的角色，只是父親出現在教養上卻遠比母親還要晚些。

決定孩子基本性格的重要時期是乳幼兒期，而現實生活中，照顧子女的主要角色至此仍由媽媽所扮演。因此，我認為此階段社會如何扮演支持的角色非常重要。

我在諮商時所接觸到的人當中，幾乎都是從幼兒期開始就和媽媽的關係有很強烈的糾葛。因此，我要針對帶給現代孩童內心極大變異的「母親」一些忠告。

本書中所有的主張，皆以我豐富的諮商「實例」與科學上確切的證明為根據，如果我能因而改變一些讀者的信念，那將是我最感到高興的事！

# 2 教養的單向性

## 探討教養的深層問題

對於我的與「媽媽的教養」相關的一貫主張，還沒有「心理準備」的讀者，也許會抱持著恐懼與懷疑吧！事實上這樣的「批評」，我是有所聽聞的。

但是，這也是沒辦法的事！我的專業是臨床心理學。透過貼近心靈生病的人們，以心靈法則來試圖導引病人是我的工作，所以在「教養」上，當然也是要從深層的「病理」去探尋。

我絕對不是主張要和世界上所有人的心靈黑暗面對峙，但我卻不想對於潛藏在「普通人」當中、沒被發現的真相，忽視不理。

親手扶養長大的孩子居然引起這麼大的事件……。就現象來看，這應該是「教養失敗」的典型吧。因此，我要談的不是「如何養育出這麼棒的孩子」的理想論，而是覺得應該活用隱藏在這些事件中的啟示，並犀利地論述「教養」。

在前面章節舉出的幾個引起社會騷動的少年事件，他（她）們大多有一個共通性，那就是曾經被媽媽嚴格地教養過。同時，這些媽媽們也都強調自己都是為了孩子好。

「我希望他能成為好孩子」的這種雙親的愛，正是造成教養暴走，就結果來說反而招來了悲劇的相反例子。

母親是沒有「惡意」的，下面要以一個我曾經手的少年案例，由他來講述這個事實。

## 陷入犯罪的拓也

這是十九歲的拓也（假名，以下同）的案例。很遺憾的是，他現在在少年監獄服刑。他已經有多次的強盜傷害前科，雖然還只是個少年，卻和大人一樣成為公開刑事裁判的被告，並被宣判入監服刑。

拓也在兒童時期也有過與「好孩子的凶殘事件」類似的兩面性，在大人面前是個「好孩子」，但如果只和朋友在一起的話，就會為了一點小事而使用暴力。這種現象從幼稚園時期開始，「我家的孩子被打了！」諸如此類的告狀從來沒有停過。上學之後，瞞著大人偷打同學的情況越來越嚴重。成為中學生後，一次在學校讓其他的同學受了重傷，因而遭到逮捕。

之後，就多次在中途之家收容所與少年感化院中進出。在少感院時，他的行為都很正常，所以被判定「更生」，在很短的期間內就離開了少感院。但是才回復自由之身，卻又再度犯下相同的錯。第三次離開少感院後馬上遭到逮捕，歷經司法的程序直到現在。

拓也不是優等生那一類型。但在媽媽的面前，他永遠是一副「好孩子」的樣子。

## 暴走的教養

我第一次和拓也見面是在少年拘留所。送至刑事法庭時，他才十七歲。對於初次見面的我，他伸直背、正視我，很有禮貌地對我鞠躬說：「請多多指教！」他那種「我會反省」、「我不想再犯同樣的錯」的有禮樣子，深深烙印在我的腦海。然而，這可以說和真的更生相去甚遠，而且讓人覺得非常痛心。「教養後遺症真的是很嚴重的啊……」

這是我那個時候的印象。

因此，我這樣告訴他。

「如果真的想要改過，不能只是反省！你能不能告訴我，小時候辛苦的故事？」

他愣了一下，之後，他滔滔不絕地說出年幼時期悲慘的親子關係，也就是說從媽媽那裡所受到的「教養」（體罰）。

原來現在的父親是繼父，和他幾乎碰不上面，拓也還有個大他四歲的哥哥。哥哥已經自立，有工作也能適應社會生活。拓也和哥哥之間的差異，我認為是媽媽「太過強大的愛」所造成的。

## 媽媽強勢教養的秘密

事實上，拓也和哥哥之間還有另一個哥哥（二哥）。二哥兩歲的時候，在媽媽不注意的情況下跌落水溝不幸身亡。而拓也就是在媽媽被悲傷打垮之際誕生的。對媽媽而言，拓也是上天送給她「轉世二哥」的禮物。

「這個孩子要一直留在身邊好好地養大。」媽媽回想道。

因此相較於對哥哥的放任，拓也則一直在媽媽的監督下成長。而原本就容易焦躁的媽媽，當然無法讓拓也安心地以孩子原有的樣貌長大。面對拓也的惡作劇、失敗、任性，一定當下嚴厲地訓斥，一旦不見改善，就再加重體罰。

當拓也在幼稚園一有什麼問題發生，回家後，媽媽就會邊說「不可以這樣做」，邊用掃把柄打他，或綁在柱子上。當媽媽要離家的時候，由於擔心萬一他外出會有危險（避免二哥事件再發），甚至曾把門鎖起來，長時間將他關在家裡。

拓也遭到逮捕之後，我試著詢問母親當時管教（體罰）的事情。她給了我這樣的回答。

「那是愛呀！因為我要他成為好孩子，所以我才打他！」

直到現在，媽媽還是認為自己育兒的方式是「管教（愛情）」，並且堅信不移。然而，拓也從媽媽那裡學到的，卻是**使用暴力，讓對方照自己的意思去做的人際關係**。這是因為媽媽所傳達出強烈的愛扭曲了，所導致的結果。所以，如果沒有二哥不幸的死亡，而讓媽媽以像大哥一樣放任方式養育的話，一定不至於走到送進監獄的地步。

從拓也的案例來看，我想說的是「媽媽請不要管教」。

現在，用體罰來教養子女的媽媽還是很多。在四年前我的調查當中，三十歲左右的年輕媽媽，有三十四％曾回答「自己曾打過或踢過孩子」。

## 導致孩子拒絕上學的母子關係

對母親們而言，孩子拒絕上學，或是繭居在家，也是令人感到悲痛的問題。近年來更呈現年齡層擴大的趨勢。從就學前的小孩，大至四十歲前後的成人，這已經完全超出了「孩童問題」的範圍了。這「疾病」不只呈現重症化的傾向，繭居在家中的青年中，有一部分甚至做出監禁女子（弱者支配）的惡行。這一切的一切，在本質上的變調，讓人感到憂心。

為什麼試圖迴避社會、迴避人際關係的人增多了呢？我想，這仍然和「教養」有關吧！

答案不得不說「的確是如此」。當然，也不能否定學校等家庭以外的因素。媽媽們之所以前來諮商，最多就是孩子拒絕上學的問題。而以我多次的諮商經驗來看，可將拒絕上學孩子的親子關係簡述如下。

## 單方的溝通

例如，父母給孩子諸多巨細靡遺的指示。「你去做這個，你去做那個」、「那個做了嗎？快去做完」、「你要我說幾次才會呀」，於是小孩子就在這接二連三的命令下，心情厭煩地過著每一天。

「悶爆了！」是句年輕人的用語，如果從孩子的觀點來看，教養熱心的媽媽理所當然就是煩悶之源了。因此，一看媽媽要說教，就想把耳朵塞起來；而媽媽看到這種情況，就更想要多說一些。小孩則採取「不回答，好像有聽卻沒聽進去」的防衛手段，或是「不明究裡地按照指示去做」，他們可以做的選項非常有限。

因為小孩自己的判斷與行動，常常不合父母意，於是就這樣讓孩子漸漸地失去了自主思考的欲望。

## 母親自以為的「為了孩子好」

從父母的觀點來看，我想同樣一件事會反映出正好相反的結果吧！「不做的話，小孩會有損失」、「現在的努力都是為了將來」，以及「我家的孩子，如果不在旁邊盯著，就沒辦法做到」……。

母親始終堅持「都是為了孩子好」，如果只說一點，小孩會不聽的，所以媽媽才會這麼嘮叨個不停。如果妳覺得這都是「小孩害的」，那也是沒辦法的事。

小孩和媽媽之間存在這樣的歧見，雖然雙方都希望能夠獲得幸福，然而卻有著這麼悲慘的差距。

就諮商中立的角度來看，我不得不判定孩子這方獲勝。

孩子獲勝——也就是說**因為媽媽想管教小孩，容易讓孩子拒絕上學**。所以，我認為媽媽是有必要停止管教的。透過本書，希望讀者們能夠漸漸地了解到，不是只有親子關係的問題，想要彌平雙方之間的見解鴻溝時，過早地去「說服」對方，並不是一個有建設性的方法。

「單方的溝通」，可看出表面上有很顯著的會話量，但是，想要讓溝通取得平衡的話，同時也應該注重對話的「質」。對話即使很豐富，但如果方向是由父母對小孩的「指示」，小孩對父母的「順從」，這樣的方式同樣都只是單方溝通的形式。

換句話說，應該重視的是對話會如何影響關係，要讓孩子能自由表明自己的想法以及心情。我希望父母親能夠了解到這一點。然後，做父母的只要能做些許的讓步，就可判斷出親子溝通是雙向溝通（不過度管教）。

## 不跟母親說話的直太

關於「單方」，我想利用實際碰到的兩組母子為例來做說明。

首先，是完全不跟母親說話的直太，他是個小學五年級的學生。拒絕上學的他在幾次的會面中，曾一點一滴地提起過家裡的事，果然全是「媽媽對他的囉唆」。

當媽媽也一同前來時，他會像個緊閉的貝殼般，口中不吐出任何一個字。正確來說應該是媽媽「不讓他說」。確實是如此，在我面前，她的媽媽始終一直不停地說，沒有一點空隙可以插入，連我這個大人，也絲毫開不了口、插不上話。

這樣的媽媽這麼對我說：

「老師，你看！這孩子都不說話，真不曉得他到底在想些什麼……」

如果我能為沉默的直太辯解，一定會這麼說的：

「媽媽只顧著自己說，都不聽我說，那我只好什麼都不說了！」

我只好從「拜託媽媽」開始進行我們的諮商。

「對不起，能稍微停一下嗎？」

「在我說『媽媽，換妳』之前，能請妳不要開口，靜靜地只聽我們說好嗎？」

就這樣，我和媽媽的對話終於成立了。之後的諮商中，就像「關閉自來水的水龍頭」的動作般，我們著實花了好一番功夫去練習。我對媽媽來來回回做了好幾次嘴巴拉起拉鍊的動作，之後，媽媽在直太的面前慢慢地可以閉起嘴巴聽兒子說。兩年後，母子間的對話不再是單方的，也漸漸有了另一個方向的回饋了。

但是因為過去的「帳單」實在累積太多，所以直太會一下子生氣地罵媽媽「妳這個笨蛋老太婆」，一下子又會「媽～，妳幫我做這個嘛……」地撒嬌的傾向。我們可以將其解釋為進入中學之後，重新再過一次幼兒期。可以的話，這些在小孩還小的時候，就應該讓他們體驗。所以說「管教」這件事，還真可稱得上是一個障礙呢！

## 優等生健一

另一個事例的主角叫做健一。他是典型的「單方溝通」的類型。上學前他就進補習班學習，在小學時他已經獲得頂尖的成績。在生活態度上是模範生，而且又是班級、學生會的幹部……。就一般的媽媽來看，健一是很讓人羨慕的孩子，不過像他那樣的孩子，存在著不會讓人注意到的問題點，反而更難解決。

我決定從健一的「之後」開始寫起。他一進當地的升學高中，突然遭遇「大混亂」的狀態。他被自殺所折磨，最後只好選擇退學（我覺得這是一個不錯的選擇）。

升上高中需要獨立自主，並且要在和自己想法不同的同儕間和諧相處，這對於從小就照著媽媽的期許做任何事的他，完全不知道該如何在人際溝通時，取得「主張」與「讓步」的均衡。

以前做任何事都以讀書為優先，和朋友玩的時間也有限制。也就是說，不惜花費時間和金錢，全心灌注在和讀書相關的事情上。健一一直戴著優等生的面具，他跟父母親說他在學校多麼地努力讀書，讓母親感到非常高興，但是這個代價非常地大。

健一的媽媽是個「賢妻良母」，她把家事和照顧子女都做得非常好，是個非常能幹的主婦。因為自己從小就處於「單方溝通」的親子關係，所以她深信這種親子關係是幸福的。讓這位母親前來諮商的契機是，她認為孩子之所以會變成這樣，這一切的一切全是她的「疏忽」所造成。

## 割腕自殘的少女們

大阪府河內長野市發生了少女們割腕事件，引起社會廣大的關注。但我認為社會對這事件反應出來的態度是「事不關己」，很令人感到灰心沮喪。割腕自殘這種現象是從幾年前開始的，在年輕女性中蔓延開來。我因為工作的關係，七、八年前開始頻繁地與這些少女們接觸。想要從中脫離的她們，需要強大的支持與後盾。

應該有人知道有個化名「南條阿雅」的高中女生。她三歲的時候父母離婚，之後就由爸爸撫養長大。一九九八年，她在網頁上公開她的日記，並在其中記述了她作為「割腕者」的生活點滴，並且在少女間成了專家，相當具有影響力。高中畢業不久她自殺了！她的遺稿經由父親交給了出版社，出版了《卒業式まで死にません》（高中畢業前不會死，新潮社）這本書。她現在仍然是許多人「憧憬」的對象。

在這本書裡，出現了割腕的細節，諸如「知道割腕後要『包紮』嗎？為了止血，要用脫脂棉吸血，要在傷痕上敷藥，還要用繃帶包起來」等。

在這裡再次提及割腕，是因為我認為這也是親子「單方溝通」所引起的現象。特別是非常普通，甚至是外表看起來「不錯的家庭」會發生這樣的事。

三年前我做了全國七所大學的學生調查，調查所得到結果是女生中有百分之七．六、男生中有百分之三．四回答「有過割腕自殺（自殘）的經驗」。事實上，這表示女大生每十三個人中就有一人曾經割過腕，而這並不是例外的現象。

女兒進入青春期之後，母親也許沒有再察覺到女兒真正的樣子。為什麼呢？因為「不能讓媽媽知道」的這個心理，正是割腕自殺的一個病理特徵。

關於「單方溝通」，以下我再做更具體的說明。

媽媽不了解女兒的心理是所謂的「心理抗拒」，如果媽媽知道女兒對她的陽奉陰違，是會斥責、輕視她的。女兒為了要抑制心中的苦痛，只有割腕。而那心中的苦痛怎麼也傳達不出去，只有向割腕逃去了……。陷入這種的惡性循環後，想要再從中跳脫出來，就會變得越來越不可能。

陷在這苦痛中的少女，大多勤勉向學，她們想要和媽媽的心有所連結，而這只是他們為了喘不過氣的努力所顯現的行為。女兒經常在探索母親的心，用回應母親的期待來保持表面上的好關係。

母親是可以「評價」女兒的成果的，但是卻在想法的「接受」上踩了煞車。在另一方面，雖然保有「希望母親能夠了解我」的一絲希望，但這卻又成為選擇自殘的另一個理由。手腕上畫個小縫，是要「讓人能夠看見」，但又不至於致命。

活用那一絲希望（母女會面）的機會是很困難的，但是，也並不是完全不可能。

## 自殺未遂的女兒與母親、男友

真弓第一次割腕是在高中三年級的時候。在那之前，一直保持著的全學年優異成績的紀錄正面臨危險。

父親是公務員，母親是護士。從小就看著父母忙碌工作的身影，因此她想「不能讓父母擔心」、「要讓父母高興」，於是努力地往優等生的路邁去。她幫疲累返家的媽媽解悶，聽媽媽吐吐工作中的苦水，媽媽完全不用教，她就已經做得很好了。

這種貼心女兒的努力，媽媽卻一點也不知道。因為她已經長成這麼棒的女兒了。一個重要的「相遇」，成了真弓第一次割腕的開始。她交了一個能設身處地為她著想，能傾聽她感覺的男友，那種不被母親接受的「小孩的、幼稚的」想法，全都可以對男友傾訴。

剛開始男友完全接受她的任性，但隨著時間的過去，她的任性漸漸成了男友的負擔。第一次有個交心的朋友（男性），但卻漸漸感到彼此的界限。就在男友想要與她保持距離時，是她感到「背叛」的瞬間，也是使她猶豫地割腕的契機。手腕與手臂內側這些血管浮出的兩個地方，就成了她的目標。

我在這裡讀到三個心理。對背叛的絕望，還有仍希望能留住男友心的掙扎（期待），然後是處罰讓重要的人困擾的「不好的自己」的心……。

之後，真弓和男友的關係，陷入了泥沼。衝突與和解反覆地上演，兩人互相依存的關係維持了很長的一段時間。舊傷上又有新傷，結痂是又黑又大，還高高地隆起。

直到有一天，一直對不太注意女兒的媽媽終於發現女兒手上有著割腕的傷痕。而母親對她說的話也如同預期。

「為什麼做這種事」、「妳在諷刺我嗎」、「我不記得我有養過這樣的孩子」、

「真是太丟臉了」、「妳要不要去看精神科」……。

因為知道媽媽一定會這麼說，所以一定不能被媽媽看見。對真弓而言，她一直把「不讓媽媽煩惱」視為是她的信條，媽媽一句沒有同理心的話讓她自責不已。她一面要讓父母看到她是個「再也不會犯了」的好孩子，一面又對男友激烈地洩憤，勉強她過著兩面生活。最後，男友終於拂袖而去。

於是，她自殺未遂，進入了精神病院……。

無論是被父母親嚴格管教的孩子，或是自己決定要當好孩子的孩子，他們都有一個共通點，那就是在單方影響的關係中成長。**「小孩的想法」不被父母所接受**。或是因為父母離婚、感情不睦，這些大人的事情，而不允許他們有小孩應有的撒嬌。

「當事者」的父母，在發生事情之前，從沒有想過自己的孩子會發生問題。其實，這種事在任何家庭發生，都不足為奇。

# 3 阻擋「信念」的高牆

## 「家庭教育力」與「管教」的不同

最近「家庭教育力低落」的評論甚囂塵上，很容易被理解為「管教不足」。的確，心智上還未成熟的年輕媽媽們，把小孩丟在一旁，為滿足自己需求的例子越來越常見。

報上刊登的虐待兒童事件中，雖然包含「忽略」（放棄育兒），這些討厭孩子的情緒並不會那麼單純地發生。因為在現實生活中，幾乎沒有單單發生忽視的虐待。這或許可解釋為是一種「由於母親對孩子抱持強烈的『執著』，致使在教養上與現實產生差距，因而感到苦惱，進而往扭曲且悲慘的教養方式發展」的管教型態。

姑且不管前面所提，要說這是「管教不足」，我覺得完全是不正確。看起來像「管教不足」的孩子，其實是「管教過多」所導致的結果，只不過反映在表面上，看起來好像是缺乏管教的樣子。

讀者最好把「家庭教育力」和「教養」視為是兩種不同的東西。

教育包含多種方法。「教」是教導，「育」是養育。為了養育孩子，父母能做的就是想辦法去幫助孩子，而這就是家庭的教育力。這裡有直接的手段，即訓誡、勉勵、斥責、稱讚，其中也包含了利用「糖果與棍子」的方法。還有比較間接的，由父母親自去示範，認同孩子、理解孩子，當然也有包含信任孩子的主體性在內。所以正確來說，是指完整父母機能的「家庭教育力正在衰退」。

但是現在卻被說成是「管教不足」的誤解。一般被使用的教養表現，是指父母親教導子女的直接行為，如果只限於此，教養顯然不夠。

所謂家庭教育力的衰退，是指各種教育力平衡的崩解，而產生了單方向性親子關係的偏差。但就結果來看，反倒是陷入管教過多的狀態。

## 對於「請不要管教」的迴響

對於管教過多的現狀，我想要簡單做個說明，希望一般的媽媽們都能輕易地理解，進而有恍然大悟之感。如果可以那麼該是多麼棒的一件事！直到現在，我還是經常碰到

「錯過時機」的父母，面對他們我也感到難過。

在寫這本書之前，我先出版了《しつけ——親子がしあわせになるために》（教養——是為了讓親子幸福，樹花舍）一書。雖然這是我平時演講內容所結集的一本書，但讀者的迴響卻遠超過我的預期。而在這本書中，我所要強調的是「現在，要追求的是不要管教的教養」。我也收到許多讀者的讀後心得，當然大多數是媽媽們。她們拚命地管教孩子，但又為了親子關係所苦惱，以致身心俱疲。這些人共通的特點，還是**對孩子有很強烈的執著，並且做了過度的管教**。

在那本書中，我試圖傳達一些「孩子不是好孩子沒關係」、「媽媽們也不要太過於勉強自己」等訊息。對於此，有讀者寫道「單單閱讀此書就讓我心情放鬆」、「我獲得療癒了」。我可以想見這些媽媽們在這之前，接收了多少來自四面八方的反對建議了。

與此不同，我也從要把小孩教養成「好孩子」的人那裡接收到不少的迴響。大概是受了「讓孩子保有原本的樣子就好」的訊息刺激，使他們想要卸下「偽裝」吧！因為有機會由不同角度看著被自己嚴格管教的孩子，於是父母打開了自己從小時候就緊閉的心扉，而聽到從心底冒出的真心話「我也從來沒有被滿足過！」這本書，反而掮動了一部分原本平靜的媽媽們的不安。

事實上，在這本書我也打算要更加強調過度管教這件事。現在，我的論調已經在對此嗤之以鼻的媽媽們心中掀起波瀾，我希望它能擴展得更大。為什麼呢？因為我希望大家都能實際感受到所謂的「幸福」。

在另一方面，我也從完全不同的人們那裡得到迴響。連還沒有養兒育女的未婚女性都寫信來告訴我「這裡面寫的就是我的故事」。據她們說，從小被父母嚴格管教，為了扮演一個好孩子而痛苦不已，但最後的結果是連自己也討厭自己。他們是以把被管教的孩子和幼時的自己相重疊的心態下讀這本書的。

## 面對「信念」的困難

終於要進入正題了。在這之前，為了慎重起見，我還要請各位再次確認。寫這本書的我、以及即將要繼續讀這本書的媽媽們，我們在養育身心健康孩子的這一點上，毫無不同，這是可以肯定的吧？

「媽媽」對我而言，是認識比較深的一群人。會這麼說，是因為我所從事的諮商工作，經常頻繁地與她們接觸的關係。媽媽們大多為孩子的事煩惱不已，當這個煩惱超過了一定的限度後，她們就會拖著沉重的腳步來到我的諮商所。

在我的諮商工作中，十之八九我都會讓她們以緩下管教的腳步為目標。「小孩的問題」其實是「親子問題」、「家庭問題」的表徵。然後，會慢慢地發現它的背後其實橫亙著一個父母的「信念」（教養論）。然後，當人們發現了真正問題所在時，一直以來的信念就會動搖，再經過一時的混亂後，就會朝相反的方向修正。最後，浮現表面的問題就會逐漸獲得解決。

**父母親要與之戰鬥的對象，不是自己所要教養的孩子，而應該是自己心中的信念。**這信念總在無意間，在親子關係中展開。因為信念被視為是「理所當然」，所以從來就沒有想過它是需要修正的。因此，信念才是強敵，並且需要他人的幫助。

媽媽們，請問你們的教養信念是從哪裡來的？是怎麼學會的？這種問題從來沒有想過吧！沒錯，因為這不是在妳的希望之下學習得來的，而且是在妳意識到的時候，自己早就已經這麼做了。所以，媽媽們是以自身幼兒時期的親子關係為範本，而採用現在的這種教養方式。

## 教養的接力賽

請試著回想，現在與孩子相處的方式，有多少和妳小時候與媽媽相處的方式相似呢？妳能說出哪幾點是共通的特徵呢？說話的口氣、在意的地方？探尋過去和現在的關連，一定可以找出許多的相似點。

母親們的教養原點是來自於幼時體驗。從懂事前開始，無論願不願意就被迫體驗了許多事，這些都深深地刻印在幼小心靈中。例如，度過了「好孩子」時代，向「好媽媽」邁進的媽媽們，一定對一直以來從父母那裡學來的信念深信不疑吧！要挑戰那個信念是非常困難的。這就好像指著一直以來深信是「白的」東西，硬要說「那實際上是黑的」一樣。

幼兒期的親子關係，會影響現在的信念與行為這件事，可由我四年前對媽媽們所做的問卷調查中看出。我依照孩童時期有無受到體罰，將媽媽們分成兩組，然後比較現在是否仍然肯定體罰的教養方法。這裡所說的是對體罰抱持肯定想法，也就是「有時候使用體罰是必要（有效）」的這種想法。結果，沒有體罰經驗的媽媽當中，約有百分之五十抱持肯定的看法；而受過體罰的媽媽們，則超過百分之八十是肯定的。由此可看出兩組有百分之三十左右的差距。這就說明了孩童時期的經驗，是產生對體罰信念不同的一個原因。因為信念會支持人的行為，可以想見在實際的體罰行為中也會產生類似的差異。

再來是依小時候是否曾被父母親罵「妳是笨蛋」。將這些媽媽們分為兩組進行比較分析。於是，回答被罵過的媽媽們中，有百分之七十也對著自己的孩子罵「笨蛋」，是沒被罵過的媽媽（百分之四十）比例的將近兩倍。

就這樣，媽媽把教養的棒子，從信念到行動兩方面，交到孩子的手中。

某個女大學生曾在課堂報告中寫下這麼一段話。

我的媽媽恐怖得不得了。在我小的時候每天罵我、打我，我以為每一個家庭都是這樣。很丟臉的是，一直到大學三年級才在課堂上學到，這叫做虐待。

一旦接到棒子，發現問題，你也無法馬上停下來。「我就是討厭父母這樣管我，所以我不想對我的孩子這麼做。但是，我最後還是做了同樣的事！」像這樣的告白，我不知道聽了多少次……。

想要克服過去的願望，在不曾嘗試下就崩毀的例子實在太多了。

對於如「前言」所寫的五個信念感覺不強的人，可能已經把目光從我的文章移開了吧！但如果還持續讀到現在，可能就是屬於非常能去面對信念（問題）的人吧。

雖然，我也可以對爸爸們說同樣的事，但因為爸爸們「信念的高牆」更高，所以本書還是要請託媽媽們去執行。

## 「嬌生慣養論」的適當性

在某個小學以六年級家長為對象的一堂升學說明會上，同一學區的中學校長也來對家長們說明「學校的方針」。他開口第一句話就這麼說：

「現在的父母們太軟弱了，對小孩都太寵愛！一定要更堅決一點，教導小孩忍耐與努力。」

「升上中學後，學校會很嚴格地教導學生，所以請各位父母在家裡也要一起嚴格地監督孩子。」

曾找我諮商的某位媽媽剛好出席了這次的說明會，發現聽到的卻和諮商中所學到完全不同，因而感到非常困惑。

究竟這位校長是以什麼樣的根據來下這樣的建議呢?我想他的信念應該也是來自於他的成長環境,以及他的教師經驗,所以才會有那樣的言論吧!至少,對這個母親而言,校長的建議並沒有讓她得救。為什麼呢?因為從以前開始,她就是過度訓斥小孩,只要小孩沒照著她的想法去做,馬上就會遭到一頓打。藉由諮商,媽媽終於可以停止體罰與怒罵孩子,也變得可以傾聽孩子的話。雖然如此,現在被校長這麼嚴厲地一說,可能又會回到虐待孩子的危險了。

所謂校長,是指長年從事孩童教育的人。但他並不是所謂的「心理專家」,對於欠缺自信的母親們,也許就會相信校長的所言所行。而我知道,原本就有許多家長和校長有同樣想法。

事實上,我認識這個校長。看到他寄給我的賀年卡這麼寫著,我有種說不出的悲哀。

「奇怪的家長、奇怪的孩子越來越多。甚至連奇怪的老師……」

如果周圍只看到「奇怪」,他就不會發現他自己也奇怪了吧。這也是男性比較容易築起的信念高牆。

在教育外的世界裡也有「現在的年輕父母都不會罵小孩」、「那樣會讓小孩墮落」

這樣蠻橫的發言。那應該也是信奉校長說法的一派人士吧！

例如，營養師主張「偏食會讓孩子容易暴怒」，他教導媽媽們要讓孩子飲食均衡。他會說「媽媽們應該要消除孩子的挑食習慣」。相信他那一套的媽媽，即使當小孩哭地說：「我不要吃。」也許還是會強迫孩子吃下去。這是教養弊害中最大的一種模式。他們不會注意到那些因媽媽強迫進食而改善偏食（＝被壓抑）的孩子反而更容易暴怒這一點。

運動教練在這方面的傾向更是明顯。許多人相信斯巴達式的教育可以鍛練孩子的心智，於是，就以「要發展孩子的運動技術」、「要讓孩子變得更強，要讓他在比賽中獲勝」這些冠冕堂皇的理由，來對孩子進行體罰、責罵。即使到現在這樣的信念還是橫行於全世界。運動教練在這方面特別顯著，應該也是是他們一直以來都是接受這樣的指導。

我舉了老師、營養師和運動教練為例，但別忘記他們對於孩子的問題行為，或是精神狀態的認知，充其量也只不過是一般人而已。他們只不過是擴大運用了自身的專業經驗與知識而已，所以我認為他們在這方面上應該更自律些。此外，我也希望媽媽們不要隨著這些「靠不住的專家」的發言，而起舞。

當然，這些專家們之間的想法、立場也有很大的差異，其中並不乏和我有同樣想法的專家。

## 笨拙的訓斥方式會陷入「惡性循環」

前年，我曾對因行為不良而被送至少年拘留所的孩子，做了教養的實態調查。把這份報告與同年的一般高中生相較之下，可以看出「寵壞論」被否定的結果。例如，在「你曾經被要求長時間端正坐好，沒坐好就被罵」的問題中，拘留所少年（男子）中，有二十五．五回答「有」；而同年齡的一般高中生（男子）只有九．八％。其他，在被言語羞辱等相當於心理虐待的許多項目中，這兩組的差異就更顯著了。所以，不良少年們不但總是單方被罵，也絕對沒有被寵壞。

在大前年，日本律師聯合會調查數千件律師們處理的少年事件的紀錄。在這裡所呈現出的是，犯罪少年的父母大多是回答「我家對孩子的教育很嚴格！」。相反地，少年這一方面，則覺得父母的管教是「虐待」。雙方對親子關係的理解上有著很大的鴻溝。

管教，一方面教出了「危險的好孩子」，同時另一方面則教出了「不良少年」。這兩者的不同究竟是從哪裡產生的呢？教導孩子明辨善惡是非是教養的任務，話雖然如此，然而卻創造了不會判斷善惡的孩子，真是讓人很難理解。

我認為這應該和訓斥方式有關係。就像這一章節的前半篇幅所寫，管教的強度是無法測量出來的。簡而言之，不良少年的母親們都很熱心於「笨拙的教養」。所謂「笨拙的教養」是指只注意孩子「令人不滿的部分」，但卻遺漏能夠認同的好的部分。就這樣，在笨拙的教養與問題行為之間，創造出非常固著的循環關係。無論提醒多少次，總是會有一直重覆犯相同錯誤的孩子吧！這全都是因為陷入了「教養的惡性循環」之中了。

因為這是非常重要的部分，我用圖示來做更詳盡的說明（請參照下頁）。所謂在成長中的孩子，經常會做出大人不喜歡的行為，而這卻是他最自然、原始的樣子。所以如果父母一味地熱中管教的話，小孩就只能一直處於被罵的狀態。在「責罵」之中，總是包含了否定的字眼。例如「你沒用」、「笨蛋」、「已經講了這麼多遍，還不懂」、「你讓媽媽很頭痛耶」……。此外，也讓他看到媽媽焦躁的表情、無視他存在的樣子。小孩如果常常看到這樣的訊息，就會加深「我是個不好的孩子」的想法，而在孩子心裡種下「我是個壞孩子」的信念。

信念可以動搖孩子。而且人們常在無意識中做了與自己信念相合的事情。如果認為「自己是壞孩子」，那麼就會選擇與其相符的行為。孩子並不會想「被罵不好，所以再也不要做那樣的事」，反而是又做了剛好相反的事。然後又被罵，於是更加強了「我是壞孩

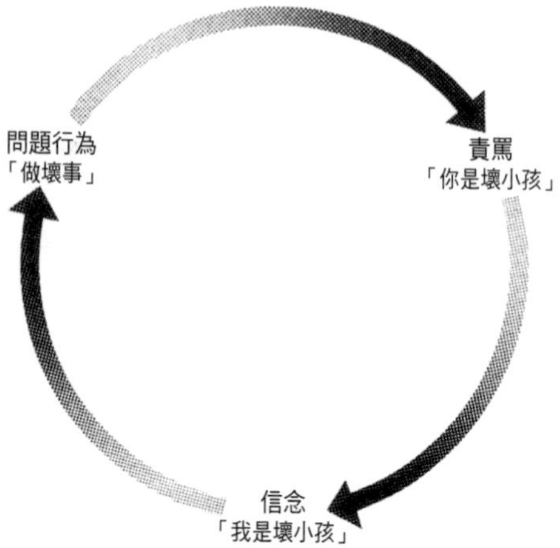

責罵、信念、問題行為的惡性循環

子」的信念。一旦進入這個惡性循環後，就很難從中脫離。

最重要的是，要反覆地讓孩子感覺到自己「不是壞孩子」。但是如果阻礙了這個機會，孩子就會不斷地犯錯，而媽媽的罵聲於是就不會間斷。唯有堅持慢慢控制自己的責罵頻率，多說些認同孩子的話，這樣才能讓孩子脫離惡性循環。

你說孩子沒有可誇獎的地方？那麼即使孩子沒有可誇獎之處，平時只要溫和地對孩子說話就可以了。但我想這對已經罵慣了孩子的媽媽來說，不是忍耐一下就可以完成的吧！

關於這一點的詳細處方箋，本書的後半會再做說明。總之，要先從「稍稍放鬆管教的手」開始。請想想管教對孩子將來所產生的弊害，停止管教實在是刻不容緩的事。

# 4 發生在「普通媽媽」身上的事

## 「臨床」與「普通」的境界

像我這樣，用心理學的方法與人接觸，叫做「臨床心理學家」。「臨床」照字面來看是指「臨近病床」，不是探求不切實際的理論，而是實際與有煩惱、尋求心理成長的人們做直接接觸，希望能為他們帶來建設性的變化。

然而，我不希望有人把這世界的事情，理解為「特殊的事情」。至少，我看見鄰居或朋友日常在學校發生的事情，與我在臨床的現場（＝諮商）所講述的事情當中，只在程度上有所差異，在質的部分並沒有顯著的不同。

我所碰到的已站在自我變革起始線（＝察覺）的人們之中，似乎出現了兩種極端的傾向。

第一種是家族成員都呈現出明顯的問題（例如，孩子拒絕上學、孩子被霸凌、丈夫酗酒、虐待孩子），而對於解決這些問題感到棘手、心痛的人。而不在這事件當中的人，也許會認為這是「別人的事」，但是有兩、三成的家庭不都是這樣嗎？即使外表看起來「普通」，實際上是偽裝出來的也不少。特別是夫妻之間的問題，是很難從外表看出來的。

相對於第一組，第二組有好的家世背景，從小就是好孩子，之後成為好父母（大人），這樣過著每一天。但事實上卻與旁觀者所見相去甚遠。他們只是把黑暗抱在心中，不安地過著生活的一群人們罷了。俗稱的「成年兒童」（**adult child**）指的就是他們。

這樣的人未必遭受苦痛，但「否認」的這種特殊防衛心會作祟，而本人也沒有任何的感覺，這是比較難解決的。也許有人認為本人沒有感覺就沒有什麼問題，可是與孩子之間的關係恐怕會蒙上「陰影」吧！我認為這樣的族群應該至少也占了兩、三成。因為也曾經有專家指出「日本人中有八成是成年兒童」。

把這兩組加在一起，不是約有半數的家庭應當成為「臨床」的對象了嗎……這也許是稍微有點偏頗的推測。

後者中有一人可以作為代表，那就是應為人知的女星東千鶴（東ちづる）！她把在二〇〇二年與我的諮商紀錄，收錄在《〈私〉はなぜカウンセリングを受けたのか——

母と娘の挑戦》（（我）為什麼去做諮商？——母親與女兒的挑戰，雜誌屋），被稱為「開朗元氣才女」的她，事實上一直都不相信自己，甚至曾經一度想過「自殺」。透過電視螢光幕而認識她的人，相必都會覺得很難想像吧！

## 被蹂躪的、偽裝的「好家庭」

有些在一般生活平均或是水準以上家庭長大的人，有學歷，也有好的工作，然後建立了自己的家庭，過著「普通」的生活。對於這種理所當然該過這樣生活的人們，如果一定要他捲入現在這種心病的時代，一定覺得很無奈吧。

接下來我要介紹數年前我曾碰到的典型家庭。父親是在縣府工作的公務員，媽媽是高中老師，兩名子女也都是公務員的四人家庭。附近鄰居都以「好家世」來評價他們，是個讓人非常羨慕的家庭。女兒在二十多歲時發生了一件事……。因為那個事件，整個家庭開始產生誰都料想不到的重大改變。

事情的開始……首先是長女。她深深地對自己感到厭惡，為了消除這種感覺，她開始耽於割腕自殘。有一段時間，爸媽都沒有發現。之後，就好像被引爆似的，長男接著也開始出現異狀，家庭陷入不斷的錯亂狀態。長男開始全裸了起來，並且大喊大叫。「你們為什麼要這樣對我，你們要負責！」他大聲地叫著。有一天晚上，他全裸地靠近妹妹（長女）的寢室，對著因震驚而拒絕的妹妹懇求說：「拜託妳把衣服脫光！」漫不經心的媽媽終於發現孩子們的異常，狠狠地責備他們：「為什麼要給媽媽帶來麻煩？」

一直深信自己的家庭是「理想家庭」的媽媽，並不是那麼容易能夠接受「連同自己在內，整個家族都有問題」的這種想法。所以光是要她帶孩子去看醫生、去接受諮商就有所抗拒。我想，在她的心底深處應該也在抗拒被問到「自己父母的樣子」吧！

雖說父親在職場上也是有頭有臉的人，但在家中卻是個靠不住的人。即使小孩的問題就擺在眼前，也只會說：「過些日子就會好了！」對於家庭的「陰影」完全不去重視。

真正扭曲嚴重的，是那兩個孩子。他們一定有什麼想要傾吐的，可惜卻被所謂的「好家庭」的高牆所阻擋，輕易地就被拒絕在外。不久之後，長女開始與許多男性交往，隨便地對待自己；而長男也不再上班，開始過著封閉的生活，就好像人生的能量全都消耗殆盡似的。

這個家庭之所以會有這麼大的轉變，我想應該從很早以前就有隱性的傾斜了。原因恐怕是「太早被要求成人化」的關係吧！

介紹這個事例給讀者，並不是要告訴大家唯有「普通的家庭」才比較安全。而是只要你不認為「我家沒問題」而旁觀，或只要你心裡稍有不安，就要積極地去面對「陰影」，我想以這樣的方式面對是最好的了。

## 缺乏「了解、認同」的母性

如同前面的東小姐，在NHK電視台的談話節目「我不放棄」（平成十五年七月二日播出）中，把與我諮商的感受說出來。

老師絕對不會說「可是」或是「但是」這類的詞語，無論我說什麼都會聽。在那之前，我可以這麼樣撒嬌地說，不知道是多少年前的事了……。

因為我從沒她那裡聽到「撒嬌」的說法，所以當看到節目時有些驚訝。但是，我也沒有必要再重新考量。在諮商的時候，一定要讓「撒嬌」的人際關係展開，不批判、不指導，就只是專注地聽，認同她說的所有事情。

我認為，唯有擁有撒嬌的經驗，幼小的心靈才能獲得滿足，孩子也才能超越苦難成為一個努力的大人。不幸的是，如果撒嬌被拒絕的體驗不斷重覆，讓幼兒不被滿足的心靈無可依歸，最終會成為憤怒的化身，也許會因而傷害自己，甚至是重要的人（家族）。

有所謂「母性」的一般說法。這並不是如字面上的意思「母親的性質」。蓄著滿嘴鬍鬚的男人也可以是擁有豐富母性的人。所謂母性，是指對人關係的一種典型。換句話說，它可以有「了解」、「認同」、「接受」、「原諒」、「包容」等多種樣貌。在這層關係下，即使面對一般社會上較難認同的觀念，也會說聲「沒關係」，而將其暫時擱置。所以在擁有母性的人面前，可以把包含陰影的部分、沒有防備的自己給暴露出來。

例如，對於做不好家事的媽媽，以母性接受她，就不會注意她「不會」的部分，而是連結到她背後的想法加以關心。碰到什麼事情，都能以「喔，就是這樣啊」這樣的方式去了解。像這樣包含母性的狀態就是寵愛。但是，如果是從小時候一直鞭策自己一路努力過來的媽媽，她的孩子也許就不會受到這樣母性所包圍吧。

我想，每個大人多少都期待能被母性包圍，但是那些被自我厭惡所折磨，充滿不適應感，完美主義傾向強的人，他們已經完全適應了忍耐，可被稱為是對母性飢渴的人們。光（好孩子）影（壞孩子）都含有兩面，然而他們卻得不到這寶貴的愛。與「撒嬌」類似的表現是「嬌寵」，兩者的意思中有很大的不同。而我常用的「撒嬌」是指**心理上的滿足**。而滿足物質上的欠缺，則是「嬌寵」了。

在還不會撒嬌的幼兒期．嬰兒期，對於這兩種滿足是沒有分別的。所謂的「肚子餓」，有心理的飢餓感，也有身體的苦痛。然而對於嬰兒來說，只要能給予哺乳的照顧，就能夠滿足其身心兩方面了。

隨著孩子的成長，心靈與身體進行了分化，例如「了解我」與「給我東西」是不同層次的。當大人想要回應小孩的「撒嬌」時，絕不能只用物質滿足的「嬌寵」來對待，而必須是要以「我了解你」的這種心靈充足來滿足他。

## 憤怒來源是「撒嬌不足」

來諮商的母親們都有一個共通點，那就是想要尋求後者心理上的撒嬌。當然那個源頭在自己母親身上，在她幼兒時期也是處於一個缺乏母性的環境。所以雖然外表看來是個「母親」，其實內心還是個「幼兒」。這種不平衡反映在家族的人際關係上。誰（通常是小孩）感覺到了，誰就會發出某種訊號，這也許正是現代的「好家庭的崩毀」吧！

我一面寫著書稿，一面想起大約在五年前我所遇到的貞子。她對於女兒被霸凌的問題向學校提出強烈的抗議。我在這頑強的抗議中，讀到貞子幼兒期的撒嬌不足，因此我向她詢問孩童時期的種種。

「人如果把喜怒哀樂的感情都發洩出來，那就完了！」

這是貞子小姐反覆從父親那裡聽來的，而她也從小的時候開始，就以此為信條一直遵守著。

我問她：「妳小時候沒有哭過嗎？」她回答：「事實上只哭過兩次。」小學的時候，無論是悔恨或是悲傷，總在父母親面前收起複雜的情緒，想到「不可以這樣」，就只有躲在曬太陽的棉被底下默默地流淚。第二次是跑進自己的房間，躲在門後面低聲啜泣。貞子用像是幼兒般的抽泣訴說著這一段經歷，並在一陣嘔吐後，竟對學校的怨恨急速地消失。

我認為，貞子小時候應該被教育說「悲傷的時候僅管哭泣，生氣的時候就發發脾氣」，然後父母親必須對此表示同理：「妳很難過吧，妳很生氣，對吧！」

「我也這麼覺得！」有這種感覺的讀者或許是很幸福的。比較嚴重的是那些即使被我所說的話刺激到了，仍然會強烈地否認「我從來沒有覺得悲傷或悔恨」。母親強硬否認的偽裝全被孩子看穿了。然後，孩子再以這個為範本，學會了相同的偽裝技法。

為了慎重起見，我要補充一點，那些孩提時期就能表現出孩子該有的情緒，自由自在地長大的少數派，當然就不在此限。

## 母親們的「父性化」

教養，在日文漢字寫作「躾」，也就是「美化自身」的意思。所謂「身」是與「心」、「內在」對比，是「外表」、「形式」的意思。因為要把這些地方變美，所以教養就和整頓、不讓旁人看見痛苦有關。首先就從「整理自身」開始。

但是，現代的心病臨床家，藉著整頓外在來解決內在問題的這種方法，我不得不抱持懷疑。

寫成「躾」，如果用極端的說法，那是用與「母性」相反的姿勢來面對。會這麼說，是因為孩子們還不知道社會常識、禮儀、協調性、勤勉性等。如果要把「外表」調正，就需要把指出錯誤、矯正錯誤，當作是主要推動的事務來做了。結果就是，普通孩子應有樣子就會遭全盤否定。

前面寫到母性的樣貌有「了解」、「認同」、「接受」、「原諒」、「包容」。而其相反的樣貌就是「不了解」、「否決」、「拒絕」、「處罰」、「斷絕」。而這些功能都屬於「父性」。

**熱中於教養的媽媽們，對孩子們有過分「成人化」的期待，就會失去以「母性」對待孩子的餘裕，漸漸有以父性關係與小孩互動的傾向。**

下面就以具體的例子來說明「父性」的表現。

**「不了解」**——小孩跌倒膝蓋擦傷，哭著說：「好痛！」時，媽媽的回應：「才這麼一點傷，有什麼好痛的。」朋友之間流行蒐集卡片，小孩說：「我也想要！」的時候，媽媽回答：「蒐集這種東西沒有意義。」「痛」、「想要」這種心情的傳達，小孩完全無法體驗到。

**「否決」**——要訂運動會的便當，比如說，孩子才脫口說出「我要某某家的香腸便當。」的要求，馬上就對孩子說：「每家味道都一樣，就不要這麼麻煩了。」小孩央求：「星期日我想去買東西！」就訓誡孩子：「媽媽很累了，要休息。」就這樣，這些否決一定都有大人的理由。

**「拒絕」**——小朋友的作業要寫作文。檢查作業的媽媽一面說：「這樣不行，重寫！」讓孩子改正。小孩在打掃房間的時候，又說：「這裡還不乾淨。」要孩子注意。這麼做的話，會影響孩子自主的意願。

**「處罰」**——不小心把果汁給弄翻。馬上對孩子說：「不給你喝了！」玩遊戲超過時間時，對孩子說：「不遵守約定，所以沒收遊戲機。」然後把東西藏起來。因為小孩「討厭處罰」，所以就以此作為判斷事物的方法。

**「斷絕」**——小孩在旁邊吵鬧時「在這裡會妨礙大家，到那邊去吧！」把孩子趕走。對孩子喜歡的玩具熊「這已經髒了，拿去丟掉！」無理地搶奪孩子喜愛的東西，會導致孩子對這個世界產生不信任感。

我試著列舉了以上這些與父性有關的極端的例子，我想這樣的母親應該也不少吧。但是冷靜看看這些個別的例子，你有沒有注意到，為什麼最後父母的愛會在不知不覺中變成了「焦慮」呢？長期的經濟不景氣，治安的惡化等社會現狀，女性進入社會與在家庭中的孤立，丈夫的不理解等所形成的育兒困難……。

現在這個時代，媽媽們被許多不安的因素所包圍，但仍然努力地在育兒上做努力。為了能早早使孩子獨立，讓自己輕鬆，所以要早早教養他們，想為自己安排多餘的時間以獲得解放，這種想法是非常能夠理解的。

# 5 管教的後遺症

## 父性化產生「控制—從屬」的關係

對每個孩子來說，父母親是特別的人。小孩對父母是「無條件地接受」。小孩無法選擇父母親，也無法使父母變為自己所想要的、理想的父母。父母生了自己，養育自己，和自己一起生活，是誰也無法取代的重要人物。

假設有父母親對子女施以暴力，小孩並不會對父母那樣的行為產生懷疑，或覺得奇怪或是不對。因為他們只知道自己家裡的親子關係，他們無從和其他家庭的父母比較。在長大懂事之前都深信這樣的對待是「理所當然的事」。不論他願不願意，只能去適應自己父母親的教養方式。

等到長大到某個年齡（小學左右），看到其他家庭的親子方式，也許才會開始覺得「我家好像有點不一樣」。但是，也不會因為這樣，而要去做些什麼。假設母親的父性很強，小孩適應了那個環境之後，也學會了回應父母期待的生存方式。干涉（＝管教）越強的話，小孩也就越來越不得不服從。

如此一來，就形成了「控制」與「從屬」的關係。這種媽媽與孩子的組合，當然並不理想。這種主從關係每天反覆進行，最後陷入了固定的關係，然後，就延伸到家庭以外的人際關係。

與此相反的，是在擁有母性媽媽的狀態中，對孩子的控制減少，孩子也能對母親提出要求。小孩可以順從自己內心的好奇心、希望，悠然自得地行動，與父母親的關係不是從屬關係。

小孩「配合」父母與小孩「自動自發」是不一樣的，這也會對孩子性格形成決定性的影響。後者是因為孩子「原本的自己」被認同，會讓他有「做我自己就好」的感覺，可以培養他的自信，也可以創造一個培養孩子自發性的一個環境。這樣被提高的自尊，是支持一個人一生最重要的根本。

好悲傷呀，「順從父母」這樣一個形式，它跟「放棄自我原有的樣子」有著緊密的關係。「順從」加深了「自信的喪失」，自信喪失會慢慢地往順從的傾向增強，兩者之間有著互相強化的關係，全都是因為在被父母要求自立的同時，喪失了「我究竟是什麼」的感覺，而陷入心理危機的危險。這就是我所謂的「教養後遺症」。

## 沒有「強迫」孩子嗎？

「教養的後遺症」是個奇妙的表現。因為大家都相信教養本來就是教育孩子的行為。但是實際上卻非如此。「後遺症」在幼兒時期就可以看到了。只是表現出來的樣貌各式各樣，也許用一般的眼光是看不出「後遺症」的。它究竟是以什麼樣的方式呈現呢？我舉幾個典型的類型來做說明。也許裡面也有幾個大家認為是理所當然的例子吧！

關於「教養的後遺症」，我首先要強調的是「強迫」這一點。它與「脅迫」的意思完全不一樣。它是力度很強的逼迫……？意指固著於某種「想法」無法擺脫的狀態。強迫症的人會為了要消除內心的不安，而沉溺於某件事、或某個想法，但因為無法停下來，所以事實上，本人非常地痛苦。「強迫性格（完美性格）」一詞，翻閱《心理学辞典》（心理學辭典，有斐閣），有以下的解釋。

——喜好規矩、愛整潔、過分講究、注重細節、小氣、裝模作樣、嘮叨、頑固、忍耐力強、不會感動、過度有良心、不確實、優柔寡斷、有蒐集東西的傾向、不喜歡變化、不知變通……（後略）。

你看！在這幾個項目裡面，不也包含了大人對子女的期待嗎？特別是「有規矩」、「愛整潔」、「有良心」不是嗎！這些項目發展到極端強烈的地步，就會為日常生活帶來阻礙，它有一個診斷名稱，就叫做「強迫症」，這是應該要接受治療的。

「強迫症」在同一本字典中，也可整理為下列四點供大家參考。①對污染的恐懼與強迫洗淨。②對於不確定（例如關門等等）的不安與強迫確認。③沒有原因，沒有對象而引起的強迫觀念。④拘泥於正確、對稱性、以及物品的配置、順序或有儀式行為。

這裡面除去第三項，如果這三個性格是適度的，應該也可以算是理想的。擁有這樣性格特徵的大人，責任感強、守規矩、常被視為是有能力的人。也許真的是對他人或是組織團體的利益是有幫助。

接下來，話題有些扯遠。中年男性死因的前幾名是「自殺」，這其中又有許多人是有強迫性格的人。當他們被解雇、工作陷入停頓、頓時失去了自我存在的依歸時，不安就會突然產生，致使他們失去了生存的意志……。

也有人說「強迫」有遺傳的基因。有強迫傾向孩子的父母大多也有強迫性。我並不打算否認遺傳的原因，不過，我認為基本上是因為父母親強迫的、過度的教養，把孩子的心團團包住，而製造出一個強迫的世界。也就是說，我比較重視環境因素。之所以會這麼說，是因為有許多前來這裡諮商的母親，只要她們的態度軟化，小孩所表現出的強迫症狀就會減輕許多。

## 有強迫症的孩童正在增加

各位讀者的孩子中，有多少具有強迫特徵呢？各位自身又是如何呢？在這裡，我要介紹幾個我所接觸到的強迫症孩子。

小學一年級的小誠，他是一個老成可靠的孩子。他每天自己設定鬧鐘，五點半起床，然後吃自己做的早餐，自己再次檢查要帶去學校的東西。在七點離家前的這一段時間，確認作業、複習、預習……。

對於不了解強迫症痛苦的人而言，想必覺得像小誠這樣的孩子，是表現很棒的孩子吧！但是，他的適應性很快就露出了破綻。到了三年級的時候，他在教室內陷入了恐慌狀態，之後，他不得不去醫院接受治療。

小誠的母親外表是個溫柔的人，總是用很平穩的口氣說：「你去做……」，我看她說了這麼多次，這應該是她的習慣吧！「你不……的話，不行唷！」像這樣焦慮的話語佔領了孩子的心，也就讓孩子會有要求自己做到完美的傾向。媽媽完全忽略了一個孩子該有的生活方式。

接下來我要介紹的是玲子，她是小學三年級的學生。她有在廁所的窗框排列物品，在窗簾桿上吊掛洋裝的奇怪僻好。而不能去廁所是她最痛苦的事，因為她老是覺得自己的內褲不乾淨，而且會一直覺得不安。所以一進廁所，一定會把衛生紙全部用完，仔仔細細地擦拭乾淨。雖然沒有任何的不乾淨，卻會在一天中更換多次內褲。

玲子是家中的獨生女，所以媽媽全心全意都在她一人身上。媽媽的目光總是追著她，她只要有一點點脫序的行為馬上會受到提醒。玲子有躲到窗子後的癖好，這代表她有「被看到的不安」的特徵。藉著幾次的諮商，只要媽媽的關注減弱，玲子對媽媽頂撞以及強迫的行為就會急速地消退。

小學五年級的真子，她是個功課很好的小孩。學校下課後就到補習班去，在補習班考試的成績經常在前幾名。她不曾忘記她的作業，特別擅長寫字，她花時間一筆一畫地寫，寫出來的字就像硬筆字帖那樣，非常漂亮。真子的國語作業中所寫的字從來都沒有超出格子。她非常喜歡整齊，從學校回家後一定把鞋子擺整齊，進自己的房間一定把書包和帽子掛好。從桌上、抽屜，到房間的角落，總是整整齊齊、一塵不染。

孩子不善整理房間的媽媽們，一定會對真子的媽媽投以羨慕的眼光吧！但是，她的心靈卻是空虛寂寞的。「教養帳單」浮出表面，只是時間上的問題。

接下來的例子是中學三年級的正一，他的強迫症表現在清潔與時間上。我很驚訝的是，他甚至按固定的時間與清洗順序洗澡。每天晚上八點進浴室去，一定剛好是一個小時後出來。洗身體、頭髮的時間，甚至泡在澡盆裡的時間也都固定。洗完之後，他還要站在洗臉盆前三十分鐘，保養他的頭髮和臉。家裡的任何人只要打亂了他的規律，一定會和他起嚴重的衝突。為了擦鼻水，他會用掉許多的衛生紙，所以媽媽買東西時總要花費好大一番功夫。這樣的他，最後拒絕上學。而原因居然是周圍的人都「太隨便」了。把「理所當然」視為「太隨便」的他，認為與家有很大不同的學校，是個讓他痛苦又無奈的地方。

## 「普通孩子」的強迫性

有強迫性格的人長大成人之後，要從根本改變是很困難的。我在大學所教導的學生中，有人如果不先用鉛筆在本子上畫線，就不會寫字。經過四年時間，我雖然不斷地告訴她「隨便」的必要性，她還是沒有改變。畢業後，我收到了她的來信。「這是我提出勇氣，第一次不畫線所寫出來的信。」我能看到她變得快樂的樣子，我也覺得很高興。

我也有小孩。看著他的那些朋友當中有「強迫症」的症狀，不禁為他們的將來擔心。某個男生從小一開始，就一直遵守「五點回家的規定」，常常在大家玩得正高興的時候，只要快到五點，他就會一直注意著手錶。一到時間，即使遊戲才玩到一半，他也會對大家說：「我要回去了！再見！」就離開了。聽說那孩子在大人看不到的地方，會霸凌弱小的孩子。

另外一個男孩子，從幼稚園開始就常來我家玩。那個時候他說起話來非常有禮客氣。我試著要他放鬆，不要說話這麼拘謹，但他還是用有禮且客氣的口吻與我交談。時間過得真快，那個孩子已是中學一年級的學生了，他融入我家的氣氛後，也可以輕鬆地和我們聊天。最近，他說：「拜託，請不要告訴我媽媽！」他已經可以在我家自由地聊著這件事，對他的家庭來說是很「完蛋」的一件事，所以才會這麼拜託我。真是很可憐！其實談話的內容並不是什麼了不起的事，不過是忘了補習班的功課被留下來完成它。我理解地點點頭說：「你不希望我說出去吧！」因為我知道他的媽媽一定會念他很久很久的。

突然想起，幾年前我家小孩房裡出現了奇怪的場景。有五個同學來到家裡，剛開始他們都各做各的的事，但是突然地變得安靜無聲，於是我就過去看看他們是不是全在睡午覺？那裡面居然有人特意從家裡把自己的枕頭帶過來……。應該是一群在家也不能好好放輕鬆、悠閒過日，而被嚴格教養的孩子吧！

## 與我自己的強迫症相處

其實我自己也是有強迫症的。即使現在，我也會常常覺得車門沒有上鎖，而要返回確認幾次才心安；家裡的窗簾也不能有縫隙，總要仔細地拉好它來；和別人約好的時間也一定會遵守。

我回首看著這樣的自己，發現要把這件事改正為過去式，「我以前有強迫症」。因為年輕的時候這個症狀更顯著。走過地下街就會覺得不舒服，因為總覺得有成群的細菌往我身上飛；搭乘公車時也非常討厭觸摸吊環；晚上睡覺的時候枕頭的朝向，一定要上下調整好幾次，看看它有沒有擺在棉被的中央位置。我還有其他奇怪的僻好。走路時我會把偶數步踏在地上畫的白色虛線上。我想面對以下狀況，其他人或許也會這麼做吧？看到靈車時會把大拇指藏起來（日本民間傳說，看到靈車或喪禮要把自己的姆指藏起來，否則父母會死得很悲慘），儘量不用四、十三這幾個數字。所以我想，在我的心靈深處仍然有一個「一定要……」的指令在運作吧。我回想起在我更小的時候，有個更不可思議、不得不做的事。小學低年級的時候，和其它人擦身而過時，我一定回頭去看那個人。但是，根本沒有人回頭看我。而我當時一直深信那個人一定也會回頭看我。

之後，我念了心理學，知道「強迫」這一個概念，也才開始意識到自己的強迫症。我知道如果不在意的話，我會很快樂，但是，要怎麼做呢？從哪裡開始？我卻迷惘、不知所措。有點像是玩笑，但卻是真實的事。像有人在開車的時候，因為無法容忍別人從車上丟出菸蒂或垃圾，因此在心中嘀咕「不像話」，或是按喇叭。

諮商的工作步上軌道後，和許多被過度教養、悲傷的強迫症病人接觸，看著那些人面對強迫性的樣子，我自己也幾乎完全痊癒了。當我的病患忽然以嚴肅的態度說：「好了，可以了！」如果半途而廢也能治癒的話，我也會覺得很高興。當我注意到的時候，其實我自己的強迫症也緩和許多。

我在這裡要做一個小小告白。我的家族（除了我以外）一定都是和強迫症無緣的人。房間裡東西散得到處都是，樓梯、走廊角落總是堆積著灰塵。沒有用的地方總是插著插頭，開著空調的房間有時候也沒把門關緊，吃飯時有人把飯菜打翻，也沒有人會抱怨。喔……再寫下去我一定會被罵到臭頭了，所以就寫到這裡吧！我想要強調的是，即使這麼生活，也不會招來任何的阻礙，家庭的氣氛也不會因而搞壞的。

那麼，假設你有小孩。在判斷自己是否要在教養上放鬆一些，只要看看孩子有沒有出現強迫症的症狀就可以了。如果幼小的孩子是個「做任何事都規規矩矩」的話，就是有強迫的表徵，那麼媽媽就是那位適合實踐「請不要教養」的對象了。總而言之，如果當學校老師判定孩子有強迫症的話，媽媽就要注意了。

## 小孩的「失控」是腦的興奮狀態

我覺得強迫症是因為「不相信自己」，為了保護自己所做的過當防衛反應。當然，這種做法並不好，一旦出現破綻，就會很困擾。據說最近當一切無法順利進行時，陷入恐慌的孩子越來越多。

這裡說的恐慌是指無法冷靜思考，會出現衝動的舉動。也許用「情緒失控」來說，會比較容易理解一點（當然這並不是專門用語）。

直到數年前，一說到情緒失控，就知道它指的是青春期孩子的反抗表現，但現在，從學齡前的兒童身上就可以看到。這和一般的「撒嬌」不一樣，幾乎都是無法控制自己，而且很多半記不得自己撒野的事。當然也有看過不可原諒的攻擊情形。如果是女孩子，有時甚至會在這樣的狀態下而走上自殘的地步。

情緒失控並不是孩子在有意識的情況下出現的，而是身體內的自動反應，而與此對應的化學反應則在腦內產生。所以，當孩子發脾氣時，不但無論你怎麼教導都沒有意義。如果父母在當下窮追猛打，孩子反而要很久才能回復過來。小孩回復後，即使再責罵，也只會得到反效果。本人其實不知道為什麼要情緒失控，甚至一旦失控後要如何回後，他也不曉得。

情緒失控的孩子們有個特徵，就是暴發的瞬間與平時狀態有很大的不同。和其他人處得很好的時候、事情按照自己的期待進行的時候，心情就會大好，連媽媽說的話也能好好地聽進去。但是也可以因為一點點的小事，而突然變了樣子，這就是進入失控的情緒裡。大體只要看眼神就可以知道。

你的孩子有情緒失控過嗎？如果你的孩子是小學低年級的學生，非常成熟、不需要家長特別關照的話，也許那個時期已經來了也說不定（始終會有這樣的可能性）。如果察覺到那個傾向的話，一定要盡早找到原因和對策。

在前面也提到過，情緒失控的時候，腦部會起化學變化。那是因為和血清素、腎上腺素的重要神經傳達物質有密切關係。在這裡，我特地撇開艱深的專有名詞，寫成與情緒失控有關的「興奮荷爾蒙」。

有份研究報告指出，這個荷爾蒙的量是由遺傳來決定的。也就是說原本就有容易情緒失控和不容易情緒失控的人。但是，在日常生活中會不會情緒失控，毋寧說是在成長過程中，受環境這個誘因影響較大。興奮荷爾蒙在受到強大的壓力時，會由腦內大量釋放出來。當被責罵，或是體驗恐怖、膽怯時，腦內就會處於興奮狀態。

教養是日日累積的。一旦強勢的教養形成壓力的話，孩子的腦就會經常處於興奮狀態，最後興奮狀態就會慢性化，使孩子的大腦變得容易興奮的腦。

情緒失控不會出現在能正常撒嬌、心理需求有被滿足的孩子身上，只有遭受到強大的壓力（＝教養）、被壓抑情緒成長的孩子們，才會發生問題。尤其是被虐待、被過度教養成好孩子，更是要特別注意。

## ADHD與教養的關聯

注意力缺失過動症（ADHD），也就是ADHD的孩子急速增加這件事正非常受關注。ADHD和前面所提的亞斯伯格症候群，都是現在兒童精神醫學的熱門話題。我隨便問個小學，都可以聽到老師說「我的班上有兩個ADHD的孩子，有一個亞斯伯格症候群的孩子。」這對教養孩子的父母親，對學校的老師而言，都已不再是事不關己的事了！

在ADHD中，我比較重視所謂的環境因素。之所以會這麼說，是因為到目前為止所接觸的ADHD孩子中，我從未看過家庭裡沒有暴力（虐待、體罰、家庭暴力）狀況出現的事例（當然，這是我個人的經驗，所以也無法一般化）。

北歐做過一個很有趣的研究，他們對剛出生就送給別人扶養的孩子做過追蹤研究。這些孩子有遺傳上的雙親以及養育的雙親，再依生養父母有無犯罪紀錄作配對組合，分成四組。也就是①「生父母有犯罪紀錄×養父母有犯罪紀錄」、②「生父母有犯罪紀錄×養父母沒有犯罪紀錄」、③「生父母沒有犯罪紀錄×養父母有犯罪紀錄」、④「生父母沒有犯罪紀錄×養父母沒有犯罪紀錄」。在這四組中，小孩將來犯罪機率高的是①，機率高達四十％，其他則在三～十二％的範圍內，並沒有非常大的差異。

當然，不能把犯罪與ADHD列在一起考量，至少，在發現孩子有暴力傾向時，遺傳與環境的問題是會一併提出的，是這個研究所要傳達的。

在這裡被視為問題的是，被以環境因素看待的教養方式。使孩子大腦興奮的嚴格教養，例如使用體罰，或是加以厲聲斥責的方法，都會讓孩子的行為形成危險的衝動因子。反過來思考，即使孩子過動，或是有暴力傾向，今後，只要能打造新環境，要減輕這些問題都是非常有可能的。

有一部分研究ADHD的研究者，他們認為「教養方法不是原因」。但是，我覺得這未免太輕描淡寫，只不過是個安慰人的說法。「教養方法不好」這個說法是個錯誤，我覺得應該是以「修正育兒方式」為目標，和媽媽們一起向修復家庭環境來挑戰。

在我接觸的母子中，曾有孩子的ADHD診斷被撤回的案例。另外，也有一定要接受ADHD專家的訓練課程，要把ADHD的「傷」治好的母子。

無論如何，想要把孩子養育成好孩子的母親們，一面用溫暖的眼神接受這份心情，也要有重新尋找能夠支持家庭應有樣子的勇氣。

# 6 教養過度的孩子們

## 班級崩壞是家常便飯

讓我們更詳細地看看，關於ADHD孩子們的學校生活。通常ADHD的診斷會以上課時是否能待在座位上？是否能留在教室內？來做為診斷的依據。在這個診斷中，較慎重的專科醫師，甚至以設定時間來判斷，在那時間帶上的，就是不穩重的孩子。

我們先不管要以多少時間為設定標準，但我們可以看見這些孩子，在課堂上頻繁地走動、然後東碰西碰、和其他同學說話、常有暴力行為。這個孩子一開始「動」，老師就得暫時中斷授課，然後個別去對應。如果還有類似情況的孩子，在互相刺激之下行為會更加升級。更甚者，會把程度輕（距治療還有一段距離）的孩子們也一起捲入，整個班級吵吵鬧鬧的，造成無法上課的「崩壞」。

這種「班級崩壞」的現象大概從十年前開始，到現在可說是每個學校都有的「普通現象」了。每個學校都有無法上課的孩子，而在那之中也確實會有一些孩子影響到班級的上課。

現因精神官能症而離開職場的老師正急速增加中（在二〇〇三年度中，公立學校的教師平均每二九〇人中有一位），然而在這一背景下，很不幸的教育界卻還沒有適當的、可以對應崩壞現象的處方箋。為了緊急處理這個狀況，除了導師以外還要增配許多臨時雇員，而按目前這樣的進度來看，由於預算有限，人員的不足只是時間上的問題。當務之急，除了要從根本改善現行的學校教育理念之外，同時也要加深學校與家庭的信賴關係，學校必須要能與家庭共同攜手合作。

我也跟幾個「崩壞的班級」接觸過，某個小學三年級的班級，坐不住的孩子中男生就占了半數，所以增加了兩名助理教師，但是即使如此還是不足。只要老師們的防護網有空隙，孩子就會馬上跑到外面，打擾其他班級的同學。我非常理解只要當孩子在家中遭受單方訓斥，孩子在學校就會有這樣的行為表現，所以我要求學校方面不要有打罵教育，讓孩子感受溫暖。而扮演這個角色的老師們會很辛苦，一方面要接近孩子，吸引他們參加讓他們感興趣的活動；此外，也要擋下快要起衝突的孩子，給予他們開導。而這樣的動作，每天都要持續地進行。

在這裡要提出一個新問題，也是它讓我們在對應孩子問題更加困難。那就是信奉「斯巴達」式教育的父母們會抱怨說「學校管太鬆」。於是像「對於會對其他孩子造成困擾的孩子，就算用打的，也要讓他們聽話！」或是「叫他們都不要來學校！」一連串強勢的意見便席捲而來，讓老師們處於左右為難的狀態。

無論有多麼辛苦，學校都應該要一面尋求家長的理解，一面「認同」孩子的存在，確保給孩子一個母性的環境。對於擁有一顆柔軟心的低年級孩子們，更應該要這樣對待。同時，對於處於被害立場的孩子們一定要保障他們能安心學習的權利。兩種狀況同時都能成立，可以說是非常困難的課題。

我與這個班級多數父母親們會過面，我知道大部分的父母會衝動地訓斥孩子，這種偏向父性的教養非常顯著。其中也有些小孩從小就不斷地被處罰，而我要說那是主張斯巴達式教育的父母所做出來的。

我再補充一點，會引起小學中低年級班級崩壞的，大多是發生在壓制力低（我並沒有惡意）的老師班級上。小朋友可以感受到老師容許的態度，老師減緩了至今孩子們所受到的壓制，教室才會成為孩子發洩情緒的出口。本來，這應該是家庭的功能……。

## 霸凌與被霸凌的孩子

霸凌，在我看來其實也是父母的「教養後遺症」。

「霸凌」指的是什麼呢？在文部科學省（相當於台灣的教育部）的「有關學生問題行動的指導問題的調查」中，規定了下面幾個項目。①對比自己弱小的人單方面的、②繼續加以身體的．心理的攻擊、③讓對方深刻感覺到痛苦。還有，無論發生場所是在校內或校外，在霸凌的形態上更可分為「用言語威脅」、「挖苦、嘲笑」、「把別人的東西藏起來」、「被孤立」、「被團體排擠」、「使用暴力」、「恐嚇要脅」、「多管閒事」等等。

但這個定義好像有些流於形式了。因為現狀是經由在教育現場有責任立場的人，例如校長與教育委員來會認定「這是霸凌」，然後依此來統計霸凌件數。然而，全日本四十七個都道府縣政府中，霸凌的發生率有幾十倍的差異，因為認定方式的差異太大了。統計上霸凌件數少的地方政府，實在令人無法想像說這全是因為霸凌對策做得好的關係。因為無論大人要怎麼加以解釋，我認為都不可以忽略孩子的「被害感」。霸凌，在大人的想法中是很容易被隱藏起來的。

「霸凌」一般很容易被區分為「霸凌人的孩子」和「被霸凌的孩子」。以人氣卡通哆啦A夢為例，「胖虎」就是個霸凌人的孩子，而「大雄」則是「被霸凌的孩子」。但在現實生活中，究竟是界定為霸凌還是被霸凌則非常微妙。在「霸凌」的訊息中，如果仔細去調查原委的話，你會常常碰到被認定為是被害者的孩子，其實他們自己也去霸凌其他的孩子，換句話說也就是報復。此外，霸凌人的孩子被別的霸凌人的孩子霸凌，陷於這種連鎖性構造的狀況也很多。

二〇〇四年四月，在名古屋市的所謂「五千萬日圓事件」被攤在陽光下了。中學三年級的學生遭同學年的某個團體恐嚇，要他交付父親的死亡高額保險金（母親也幫忙籌錢）。主犯的少年叫被害少年「奴隸」，這裡很明顯地看出構成了強烈的「控制」關係。但後來經過調查，知道加害少年其實也遭受相同的待遇，被他的學長所霸凌著。

這已經超過霸凌的範圍，應該稱之為「事件」。這是被害者成為加害者的典型，就像霸凌的延長線一般。

霸凌也常在朋友間發生。有時候就因為小小的「背叛」，就成為團體中的箭靶。依據當時的狀況，霸凌的形式也有各種不同的變化。基本上，比較強勢的孩子為了滿足自我的需求，會去控制弱小的孩子，形成發洩情緒的出口。

無論霸凌他人的孩子處於哪個立場，他們大多都是從奴隸的、控制的親子關係體驗學來的。那樣的親子關係，在外人看來是小孩「教養」得好。但只要稍微多一點，「教養」就會變成「控制」，變成無法為一般人所接受「奴隸」、「虐待」……。雖然說法不同，然而其本質都是相同的。

## 霸凌的質產生了變化

最近常常聽到的案例是，平時很聽大人的話、很用功的小孩變成了霸凌人的孩子。他們一到大人看不到的地方，就像變了個人似地去攻擊弱小孩子。而從這裡可以讀到親子間「控制與服從」關係的再現。

對於這種孩子而言，**人與人的關係就是上下關係**。在上面的人可以要求下面的人按著自己的意思去做，並深信這是「理所當然的」，於是乎就自動展開至家庭以外的人際關係上。這樣的孩子們順從強硬的父母、老師，而讓處於弱勢的同學順從他，他們在對人關係的轉換上非常純熟。

擁有雙重性格的孩子，因為媽媽都只看到「好的那一面」，而容易有「孩子平順長大」的錯覺；而在大人看不到的地方，他是如何與朋友往來的，則根本注意不到。將來，孩子有了「問題行為」，只要他沒有發出求救訊號，媽媽就永遠不會去反省家中的親子關係。

當其他的媽媽告狀：「我家的小孩被你家的孩子霸凌了！」妳可能還會回嗆說：「我家的孩子絕對不會做這種事」、「應該是妳的孩子所引起的吧」。同樣的反駁也會對準老師「連老師也懷疑我的孩子嗎？這是侵犯人權……」

像以前一樣尊敬老師的時代已經結束，現在老師每天周旋在家長之間，非常地辛苦。一位新任教的女教師與被投訴的家長面談時，連老師畢業的學校也被質問，還被家長喝斥：「妳區區一個老師，是什麼身分，跟我說什麼！」

孩子之間的霸凌行為絕不能被表面的現象所蒙蔽。潛藏在背後的大人們的信念，與要如何地處理自己的情緒的那一面，才是解決問題的關鍵。

健太是個學齡前男孩，他在大人面前總是笑嘻嘻的，就像個天使一樣。然而，他卻常常被幼兒園的小朋友們投訴：「健太掐我的脖子。」媽媽們因而陷入了一片混亂。「笑嘻嘻的臉」和「掐人脖子的行為」，這兩者之間未免出現太大的差異了。我曾偷偷地到幼稚園觀察健太的行為，我注意到他恐怖變化發生的瞬間。只要老師們不在旁邊，他馬上就會變一個樣。

我和他的媽媽會面後，聽了許多有關她的育兒理念。據她說，如果建太沒有照著她的決定去做，絕對不可原諒。我知道這孩子一直被迫接受著媽媽的強迫式教養，當然體罰也一定少不了。

我希望大家可以了解，不只是霸凌人的孩子，被霸凌的孩子也是在控制性的親子關係下長大的。也就是說，學會了誰讓誰順從的人際關係，就會依著在誰的身邊而改變立場。被霸凌孩子有時候也會有挑釁霸凌人孩子的行為。被霸凌這件事，依孩子的不同，他們會演變為自己適應的樣子。當然，把被霸凌孩子從霸凌中救出的重要性是不變的。

前面提到「胖虎」和「大雄」的例子，在卡通當中兩人都常被媽媽嚴厲地斥責。受到體罰、責罵、被貶低自尊的兩人，把控制與從屬的親子關係在朋友關係中再現，再加上「小夫」，而形成三者關係。小夫從媽媽那裡受到「優雅教養」的控制；胖虎受到較多體罰式的暴力控制，對其他的孩子就像一個小獅王，用暴力讓弱小的孩子屈服；大雄則常受到媽媽言語的責罵，成為反覆失敗、一無是處的被霸凌孩子。小夫服從強大的胖虎，霸凌弱小的大雄，呈現出這樣一種「交替」的形式。這些雖然都是漫畫中的故事，但卻深刻地描繪出「母親的父性化」與「小孩霸凌」間的關係。

## 拒絕上學的「原因」與「誘因」

和霸凌並列，已成為教育問題的是拒絕上學。這也是因為媽媽的教養，特別是與「單向性」教養有關連。這在前章已經討論過了。因拒絕上學的問題前來諮商的媽媽們都會對這個話題，甚至其中的詳細內容跟我有許多的討論。例如「小孩被霸凌了」、「念書不好玩」、「和老師的對應有問題」……。像這樣，大多是著重於表面的現象。

但是在諮商中，我運用不斷的對話讓母親更深刻地反省，讓她慢慢說出家裡的情況。然後觸及家庭中也隱藏了許多「扭曲」的本質之中。

拒絕上學的原因有各式各樣，但一定得區分出「根本原因」和「誘發原因」。「根本原因」是教養，或是家庭中人際關係的積累所形成的；「誘因」則大多是與最近的人際關係有關（教養的後遺症有時也會成為根本原因）。

在這裡，我想再提出幾個故事跟各位讀者分享。

如果永遠都放眼「外在」，那麼你將無法期待孩子的心回復正常。無論你投注多少的精力，只要放眼「外在」，孩子將不會改變；而相對於外在，我們自己就是「內在」變化的當事者，所以這部分是我們可以起而應對的。

拒絕上學孩子的母親們，綜合來說，就是有一個「嘮叨」的特徵。當要做什麼的時候，總搶先指示孩子「你去做這，你去做那」。小孩在自己動腦前就已經接收到「動作指示」了，所以根本不需要自己動腦。

親子一同來諮商時，我經常看到這樣的現象。進入房間後，關門、坐下、打招呼……。這些全是媽媽在一旁指導。就像規定似的，總是從「快跟老師說，『要麻煩您了！』」開始。然後再三叮囑似地加上一句：「這個孩子呀，自己什麼都不說，真傷腦筋！」這時候，我能了解母親拚命想傳遞的訊息，但我的腦海中同時也浮現了兩個想法。

「因為媽媽先說了，所以孩子自己不做什麼都沒關係。」

「母親把小孩這一點小事看得這麼嚴重，真是令人擔心呀！」

另外我還觀察到一些很有趣的現象。例如，我面向孩子問「某某某，你喜歡看什麼電視節目啊？」孩子害羞地低下頭去（大概在想電視節目的事吧），馬上同時就會出現個明快的答案「他喜歡卡通和連續劇。星期一晚上八點的節目是……」由旁邊傳來。然後再催促著問：「對吧？你最喜歡這個吧？」而孩子也只能扭扭捏捏地點頭答是了。到這裡，應該可以知道孩子的問題了吧！在知道太多的母親面前，脾氣彆扭的我，總是突然幹勁十足。

這些是服從指示的孩子們。當學校要求孩子要能自己做出判斷，卻因此霎時全部崩解了。在日本的學校，小學時小朋友要按照老師的指示做事，到中學時則要求學生要有自己的思考。中學生拒絕上學人數急增的一個原因，難道從這裡不就可以看出端倪了嗎？

## 家庭內暴力的積極性

一直聽媽媽話的孩子，到了小學高年級時，就開始會反抗父母了。依賴著父母，一直表現得很好的小孩時代結束，為了要成為自律的大人，這時候可以說是反覆試誤學習的重要時期。也可以稱為健康的「第二次叛逆期」。但是，媽媽只把這小孩子的想法視為是對母親的「叛逆」而已。

因為稱之為「第二次」，所以前提是一定有「第一次」。如果沒有「第一次」，那麼進入青春期後的叛逆，對那個孩子而言就是「第一次」了。這樣的話，叛逆的內容也包含了前期的幼兒自主期，那麼親子之間可能就會展開壯烈的激戰。

這裡也包含了幼兒期的「重來」的正面意義。特別對於從小就不讓家長費心的好孩子，我在這裡一定要特別討論這個重要的心理課題。

在父母強烈控制下而沒能完成第一次叛逆期的孩子們，平日鬱積的情緒在他體力凌駕媽媽的青春期後，開始對媽媽發動攻擊。輪到孩子站在控制者這一方，其表現的典型就是家庭暴力。暴力不過是一種手段，其本質就是要讓人「順從他的要求」，因此我們可以知道家庭暴力的孩子，會對母親做出不合理的要求。

孩子所提出的是一種完全不可能，即使勉強也達不到的極限的要求。事實上，這以前全是父母的要求，而現在卻反過來了。曾經有些事由母親們來做的話，會認為「完成它，是理所當然的事」。但對孩子而言，卻要花上全部的心力才能辦得到。

胡鬧的孩子會依媽媽可以滿足他多少的要求，而改變他的態度；依照期待完成的話，小孩就不需使用暴力，也許，心情上還更好些。但如果期望落空，當小孩感覺到媽媽「明明可以做的，卻不做」或「一點都不想做」，而感到憤怒情緒高漲時，暴力、惡言相向就會朝向媽媽投去。

「第一」與「第二」的這兩個叛逆期全都襲向媽媽。對執拗的要求與絕不容許暴力而煩惱的媽媽來說，試著將其理解為「幼兒的叛逆」，一定會有所助益。

事實上，這個時期的孩子一直在追求物質以及心理滿足兩個層面。即使僅僅滿足物質上的要求，孩子還是不會覺得滿足。母親為了躲避暴力而給予物質上的滿足，遲早會精疲力竭的。相反的，在幼兒時期就反抗父母，到青春期再爆發時，力度就會小一點。所以，再沒有比「家庭暴力」更能如實地反映出「教養帳單」的了。

最近家庭暴力的案件中，已經可以看到女子的案例。小學六年級的彩子就是一個例子。她帶著母親離家出走、在外租公寓，開始強制母親和她一起過兩人生活。這是她青春期的第二次叛逆期的開始，她的行為退化，像幼兒般的「撒嬌」行為越來越明顯。當「撒嬌」不能被滿足時，她就會大發脾氣，幾乎每天毆打母親、踹母親、拿東西丟母親。同公寓的鄰居投訴不斷，最後公寓管理人要求她們搬走。「交出房間」一事，讓彩子深感母親的背叛，於是限制母親外出和通話，並指示阿姨將吃的東西送進來。雖然媽媽在體力上還不會輸給女兒，但面對這麼激烈的女兒，母親感到既害怕又傷心。

在彩子開始家庭暴力前，她是由把「忍耐」、「嚴格」當作信條的媽媽帶大的。她的爆發是因為「小孩的心」被強烈地壓抑，絕對不是因為被寵壞而造成的。

# 7 沉重的「教養後遺症」

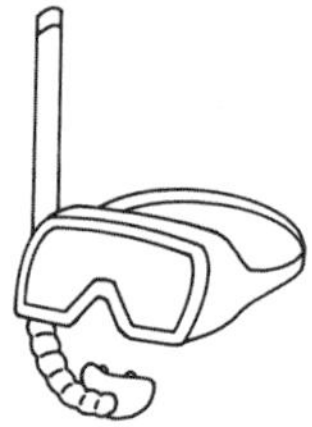

## 社會性繭居

拒絕上學的孩子即使在改善過程中，也常常會看到對媽媽的叛逆態度。當媽媽理解了拒絕上學是孩子直率的「控訴」，並強烈表現出願意同理接納的母性態度時，才可以讓孩子一直以來的壓抑，以及自幼兒期以來被壓抑的情緒得以解放。事實上，許多從拒絕上學狀態中到恢復正常的孩子，都會經歷這個過程。因為這是能邁向健康的自主的第一步。

「我媽媽了解我」是最能為孩子帶來喜悅的一件事。但是，同時，與在達到此境界之前的現實差距中，卻有消除不了的疑慮。像這樣一面叛逆，一面看著父母反應的孩子會擴大「測試」範圍，然後，叛逆就會在一時之間到達頂點。可惜的是，這種具有正面意義的激烈發展，很容易被誤認為是情況的「惡化」。只不過媽媽的工作本來就很辛苦了，此時將會更加困難。

如果孩子的測試是到青年期的最後階段（二十歲前半）才開始的話，要治癒孩子的心靈，恐怕這是最後的機會了。很不幸的是，如果父母對孩子「測試」沒有反應的話，到最後當孩子能量用盡，轉變為「繭居家中」的例子也不少。換句話說，我認為這種孩子藉由家庭暴力等所發出的「測試」，如果沒有被正確接納，那麼「繭居」就可視為是放棄的最後表現。如果不能在幼年期時以本來樣貌與控制自己的父母相處，直至青年期仍無法擺脫父母的控制，結果為了追求屬於自我的生存方式，他也只能走上「繭居」一途了，不是嗎……。

現在已經十年以上，即使三十歲了還繭居在家中的「社會繭居族」已成為問題。對他們來說，走出社會與各式各樣的人接觸，會為他們帶來痛苦。因為從小開始，他們就只習慣單方的交流（＝遵從指示），而這樣的方式並不適用於全世界。二〇〇三年度全國的繭居諮商件數，二十五歲以上就佔了百分之五十六。即使三十五歲以上也攀升到百分之十四。而這當中四分之三以上的男性，約百分之二十同時併發家庭暴力。值得注意的是，繭居家中不一定是拒絕上學的延長。繭居家中的人當中，在中學時期拒絕上學者只佔三分之一。能夠適應學校生活，與之後適應社會生活是兩件全然不同的事情。

繭居家中的人不斷地增加，會加速勞動力低落及使少子化更加嚴重，很有可能會動搖社會的根本。繭居家中這個現象，無疑地是對只看重「進步」、「發展」的日本人一個警訊。社會進步與心靈的豐富是不相容的嗎？如果真是如此，從今以後反倒應該要追求退步（非效率），我是這麼想的。

## 孩子被壓抑的心

接下來，要談的是我不禁要說「這是悲慘的事件」。當然，這也是強大的「教養後遺症」所引發的。在極端的主從關係下教養出的孩子，在同世代中無法和旁人建立良好的人際關係。這樣的孩子們到青春期時，當內在的衝動一高漲，就會尋求弱小者當作宣洩管道。這時候，必然會選擇年紀較小的幼兒來下手了。就像前面第一節所介紹的長崎少年案例就是如此。此外，一九八八年到八九年在關東地方所發生的連續誘拐殺死四名幼女的宮崎勤，以及最近在奈良縣的小一女童誘拐殺人事件的嫌疑犯，這些人的背後都有著很強烈的自卑感。

在社會上孤立的大人，對幼兒抱持關心，發展成「事件」的這些案例都非常受到矚目（並不是說繭居家中與犯罪有密切的關聯）。有性衝動時不是對著同世代的異性，而是對幼兒伸出魔爪……。在腦內，性衝動刺激著攻擊中樞，而產生悽慘的控制行為。在他們之中，攻擊性不太會被喚起，純粹是因為「好可愛」的這個想法，而讓他們想要和幼兒在一起，來滿足佔有欲。一九九〇年，新潟縣的二十八歲男性，誘拐小學四年級的女童，監禁在自己的房裡長達九年兩個月，這個事件大家都還記憶猶新。

我認為「接近幼兒的心」，絕對不是特殊的、例外的現象。在我們的周圍一定也常會有這樣的感覺。因為大人對幼兒做壞事的消息經常會被披露在報紙上，所以有小學生的媽媽一定有過類似的經驗，在家長委員會的「緊急聯絡網」中看到「有小孩被可疑人物搭訕……」這樣的內容，就會打電話互相告知。

喜歡少年或是幼兒，其中一個原因就是他們容易控制。因為肉體上抵抗力和心理上的反抗力都比較弱，這樣對有很深自卑感的人比較不容易產生「失敗」，自尊心遭到傷害的危險也比較低。關心孩童的同時，我們應該了解這是因為他們被以前所受到的「以教養為名的控制」所影響，如今才會如此對待弱小小孩。

## 發呆的孩子

關於「教養後遺症」下的另一個嚴重產物，接下來我要舉出的是「逃避現實」。也就是生存於讓現在發生的「真實」事件，全部都消失於現實中的生活。簡單來說，也就是準備用「沒有感覺」這個方法來對應現實。如果強迫是為了擺脫不安而做的努力，激烈的情緒失控是壓抑後的產物的話，那麼「逃避現實」可以說是使心靈功能麻痺的最終方法了。它是由孩子從幼小時期開始，就不斷地暴露在嚴重的心理痛苦而引起。因為這樣的發呆的孩子並不會顯出特別的問題，因此我們很難察覺到它的嚴重性。但它會反映在話少的孩子、令人摸不著頭緒的孩子、叛逆且沉默的孩子身上。而對這些孩子罵「到底在發什麼呆！」是一點用處也沒有。

對不斷被否定話語傷害的孩子而言，會越發喪失現實感。因為聽到傷害自尊的話語很痛苦，所以他的心就變成配備有「不聽」、「不做」、「不關心」的裝置。也就是俗話說的「左耳進，右耳出」這樣的極端狀態。也許剛開始反應出的是個「遲鈍感的孩子」，但事實上絕對不是如此，是父母讓他變得不敏感、遲鈍起來的。

「解離」這個專業述語前面我已經提過，這裡所說的無法活在「現實」世界的孩子們，相當於在解離性人格疾患的下一階的「人格分裂症」。「自己的周圍掛滿了紗」、「覺得自己不在那裡」、「無法區別夢境與現實」、「好像在看電視一般」、「雖然是自己的身體，但卻覺得好像不是自己的一般」……。每個人所體驗到的情況各有不同，我在法院所接觸的被告當中，大多欠缺著「犯罪意識」，那是因為缺乏犯罪時的現實感。

讓心游離的孩子們的一部分，一旦進入虛擬的世界裡，就會變得很有精神。放縱自己在電視遊樂器中、沉溺在網路虛幻的人際關係中。因為那裡是不會威脅到自己的「安全」世界。上我課的大學生中，有人是聽不進我說的話的。我用簡單的詞彙反覆說了好幾次，可是她卻回我：「對不起，請再說一次。」因為她的心房會自動地把長輩說的話屏除在外。我試著和她的母親碰面進行了解，「那也是沒有辦法呀！」我點了點頭表示了解。因為媽媽脫口而出的盡是指責孩子的話語。

容易發呆的孩子長大後成為父母，在和自己的孩子關係上，會重現自己父母的樣子。在對孩子的想法上要急踩剎車，過度干涉孩子會讓他們成為同樣人格分裂的狀態。

為了讓孩子回到現實中，要趁孩子還小時就盡早讓他知道現實社會（與人接觸）中是有喜樂的。而這個主要角色，當然要交由媽媽來扮演。到目前為止所接觸的孩子中，最令我印象深刻的是，一位名叫和美的中學生。她真的什麼都感受不到。即使朋友們嘲笑她……。內褲髒了也不在意，頭髮黏糊糊地在教室散發異味也全然無所謂。可以確認的是，她並非智能不足。我之所以探詢她為什麼會變成現在這個樣子的原因，是因為我看到她的父母大約連續罵了她一個小時，我知道她就是這麼被教養長大的。

## 「寄生族」的生活

未能在一個人與人心靈交流、現實社會中成長的孩子，當他們長大時會逃到個人的內心世界遊玩，或是連這個也放棄，而到一個「沒有心的黑白世界」生活。而那個狀態就好像「社會性繭居」，但社會性繭居的年輕人是會為了「總覺得該做點什麼」而煩惱的人。前面提到的和美，將來出社會如果還是這個樣子，也沒有任何改善的話，很可能就只能這樣和人缺乏心靈交流地生活下去了。

這種人通常需要靠他人支持才能生活，而那個關鍵人物多半會是媽媽。我們用「單身寄生族」（賴家王老五）這個說法來形容這些人。雖然已過適婚年齡，卻不想結婚，想繼續和父母一起住。有需要，就從爸媽那裡拿就好……。簡直就像寄生父母那樣的生活方式，所以才會衍生出這樣的新詞彙。喜歡照顧人的媽媽仍然疼愛「過了二十歲的幼兒」，而且也不覺得有什麼不妥。也許想把孩子繼續留在身邊養育，「看著他長大」可以讓父母多少獲得滿足吧！

例如已經過三十五歲的孝夫，他現在和父母三人住在一起。比他小兩歲的妹妹是個醫生，在醫院工作，也結了婚獨立生活。相對於妹妹，孝夫對母親而言到現在還是個「孩子」，被父母照顧得無微不至。他從來沒有想過要改變這樣的生活模式，好像也沒有想過以後父母親老到不能動的時候該怎麼辦的事。他不去工作，所以生活費還由父母支付，是個典型的「單身寄生族」。另外，父親是個膽小、懦弱的人，所以這一家是媽媽在主導。

孝夫和妹妹之間之所以會產生這麼大的差異，那是因為從小父母對他們實行差別教養所致。父母對於優秀、積極的妹妹採取放任的養育方式，換句話說，是任由她自主性地生長。而孝夫也許遺傳了爸爸的膽小、懦弱，個性和妹妹完全相反，既缺乏判斷力，說話又會口吃，動作也遲鈍。母親總是在罵他笨的同時，就先幫他做好所有的事。

他常被拿來和妹妹比較，不但傷了他的自尊，也使得他成為一個「沒有感覺的孩子」。他把自己原本的想法、情緒全都壓抑了下來，讓自己麻痺，盲從地遵照著媽媽的指示去做。包括念高中，以及去念住家附近可每天通學的大學（妹妹選擇離家遠的大學，並在外租屋生活）。大學畢業後，因為父母的關係，進入了金融相關企業，做不到半年卻離了職，之後他的寄生族之路便從此被開啟。

從小開始，媽媽就常對孝夫說。

「你呀，沒有媽媽，什麼也做不成唷！」

日復一日地，這句話就像咒語一樣，發揮了強烈的暗示效果。現在的他，外出一定跟著媽媽，在超市他就拿著購物籃，跟在媽媽的旁邊走著。社會性繭居的人們都有他們自己的煩悶，也許他們都該來一趟自我探索之旅。但是，寄生族人將來會如何呢？對此我仍一無所知。

## 無法取下「名為角色的假面具」

孝夫一家都各自扮演獨特的角色。所謂「角色」，是提及成年兒童（拖著孩童時期的心裡疙瘩，過著痛苦生活的大人）時所使用的說法。當家庭的人際關係中產生扭曲，孩子就會放棄發揮原來的自己，為了防止偏頗家庭的崩毀，而主動擔任特定的角色。接下來的六項，就是常見的代表性角色。

· 英雄（hero）
· 代罪羔羊（scapegoat）
· 迷失的小孩（lost one）
· 討好者（placater）
· 小丑（clowh）
· 使能者（enabler）

從中我們來看孝夫一家四口適合哪些角色。首先，妹妹是英雄，爸爸是迷失的小孩。因為媽媽不屬於當中的任何一個，我們就稱她為「君王」（emperor）吧！孝夫在孩童時期是代罪羔羊，而現在也可以說是「君王」的「寵物」。家族的各個成員都有他在家庭中所擔任的角色，會互相補強，來保持表面上的安定。正因為父親是迷失的小孩，所以不會和君王母親之間產生爭執。而在孩子們小的時候，哥哥是「壞孩子」，妹妹是「好孩子」這樣的互補組合，於是媽媽就把所有的教養全都灌注在哥哥身上。

角色本來就是個像「面具」的東西。但是如果緊緊地黏住的話，那就無法取下。孝夫自從英雄的妹妹自力更生後，不知從什麼時候開始，由代罪羔羊變成了寵物。這樣有點混亂的三人家庭，在兒子擔任寵物角色後，又再度回復到使人不樂見的安定。

現代家庭關係偏頗的典型，就是**父性暴走，母親君王化**。在這樣的家庭裡，父親的父性無法發揮，而孩子們則是硬被分配去擔任各種角色。之所以很容易產生英雄與代罪羔羊這類的兩兄妹出現，原因在於，符合父母期待的孩子與不符合期待的孩子的對比出現。英雄得到正面的評價，而代罪羔羊則是獲得負面的評價，致使母親的差別性對待態度更加明顯之故。

當我被問到「為什麼在同一個成長環境，兄弟姊妹的個性會有這樣的不同呢？」依據「角色」以及「家庭整體的安定」這個觀點來看，應該就能有所理解。如果父親的父性強的話，就可以壓抑母親父性的暴走。因為同一個角色會互相拉扯，招致不安定。這個時候，就要重新尋求安定，而家庭也不得不再做變化來獲取安定。

也許以下這個例子不太讓人喜歡，但我們還是以猴子的例子來做說明。請先想像一下，當牠們要爭奪猴王王位時，如果有兩個猴王，整個族群是不安定的，所以這兩個猴王會馬上為爭奪寶座而戰。一旦決定之後，大家就會接受新的角色分派。勝利的猴子馬上堂堂地登上猴王寶座，取得猴群的信賴；而失敗的那一隻，在猴群中開始顯得渺小，這確實是個悲慘的情形。不過也因為這樣，才能保持猴群整體的安定。直到新王的勢力衰退後，不安也才會再度出現。

## 「人格障礙」的大人

在強烈偏差教養下掙扎地活下來的孩子，為了要能適應環境，就必需學會各式各樣的心靈防衛。當長大成人時，也許會成為「不一樣性格」的人。「性格」這個概念，是以某種程度的永續性為前提所使用的。依狀況的不同，有人終其一生都必須和自己性格的多變相處。雖然寫的是「不一樣性格」，但那個「不一樣」的程度是很極端的。當人在社會生活*的經營上產生障礙時，就適用所謂「人格障礙」的這個診斷分類了。而這個診斷分類不用在未滿十八歲的孩子身上，因為這個年齡的性格，還是很有可塑性的。

人格障礙是精神障礙的診斷名嗎？其實這是很微妙的。要解釋它就多少必須使用到專門用語。因為現在「人格障礙」這個詞彙常常在報章媒體出現，我想還是稍微解說一下會比較好。在精神科的診斷手冊上（DSM-IV），人格障礙是指憂鬱症（情緒障礙）、統合失調症（精神分裂症）、恐慌症、飲食障礙等，它用以和狹義的診斷名稱有所區別。上述名稱只是單純記述病情的症狀。其他的就是些用以判斷患者在人格上有沒有重大的偏差，以及如果有的話，就要確認是屬於哪一種型態的人格障礙分類。例如，即使是憂鬱症，也可分成為與人格障礙併發的，和沒有人格障礙問題的。而性格上的病態偏差，究竟是要當作心病處理，還是要視為是個人問題來處理？則並未註明清楚。

我想這裡有個重大的問題，如果是生病，就會成為需要治療的對象，但如果是性格上的問題，那就是本人的責任了。這個差異在犯罪者的刑事審判上，會產生決定性的影響。精神鑑定的結果中，被認定有人格障礙的被告有很多，但是，這個時候大抵可以解釋為其本人有責任能力*因為人格障礙所引起的行動是本人的責任，當然判決就會嚴苛。另一方面，在精神科當中，人格障礙是一個明顯的治療對象，因為他是要到院接受藥物療法，或是諮商的患者。像這樣領域的不同，處置的方法也會完全不同的現實狀況中，總會留下一些無法解釋的地方。

我們再把話題拉回到人格障礙與教養的關連上。人格障礙的原因還是在於素質和養成環境這兩個重點上。其中養成環境是和教養有直接關聯的。

例如「反社會性人格疾患」（以男性居多），與「邊緣性人格疾患」（以女生居多），這是兩個代表性的人格障礙。這些具人格障礙的人，大多是是在孩童時期受到虐待。受損的身心要有修復的環境，然而學校不會為他們準備。這些小孩們只有在闖禍的時候才會受到注目，而對於受虐待、人格障礙這些事情，則往往不受到重視。

與我會面的池田小學事件的宅間元死刑犯，被診斷出有「反社會性人格疾患」。果然他從小是受到爸爸那不講理又以自我為中心，且有偏頗的教養（虐待）。

有人格障礙的大人，聽說占人口的百分之三左右。而這絕對不能事不關己地樂觀看待。所以我把人格障礙視為是**教養所帶來的後遺症中最嚴重的**。

那麼，差不多也該看看反對我的「請不要管教」的意見了！我在策畫一個「狡猾」的論法，對於想要反駁的人，我已經使用了「衝撞信念之牆的人」來做為牽制。如果都這麼做，還要再加大反抗強度的話，那些人想必是難以對付的人了（＝心牆更高的人）。恐怕那些人大多數是男性吧，而且也是到達一定年齡層的男性，或是父性暴走的媽媽們吧！

＊社會生活：有相互聯繫的人類共同體，為了生存和發展而進行的各種行動，主要分為生產活動和交往活動。

＊責任能力：指行為人對其所實施違法行為應負擔刑事制裁之能力或資格。

# 8 對「請不要教養」的反論

## 教養全部都是不好的嗎？

「請不要管教」這是我自己的特異主張。我相信剛開始許多不相信的媽媽們，現在應該有一部分的人都能夠理解「原來如此，原來是這樣呀！我管太多的話，會帶來這麼多的後遺症啊……」能這這麼想的這些人其實都是擁有一顆溫柔心的人。

那麼，讀到這裡，為數不多的爸爸們又是怎麼想的呢？媽媽們通常比較願意回顧自己的成長經驗，那爸爸們呢？是不是越看書越想反駁？越讀越覺得有許多的憤怒不吐不快呢？對於爸爸們的這些反論，我要如何回答呢？

事實上，我並不打算要反對我的每一個人都能了解我的想法。之所以會這麼說，是因為本書主要是寫給辛勤教養兒女的媽媽們閱讀。我並沒有要爸爸們「不要讀」，而是要拜託爸爸們，請你們不要成為正要開始認清自己以及孩子內心的媽媽們的阻礙。

這是「逃避」嗎？也許是吧！但絕不是因為我不擅長教導爸爸們才這麼說的。到目前為止，我和爸爸們的「臨床」經驗，為我帶來許多寶貴的經驗。他們教了我許多的「臨床密笈」。但是，對爸爸說話和媽媽的用語是不一樣的。這一本我是用盡量能打動媽媽們的口吻去書寫的。

話雖如此，對於已經讀到這裡的爸爸們（也包含一部分態度強硬的媽媽們），我覺得我有義務要回答你們的疑問，讓我以幾個頁數的內容來為你們解惑吧！

「教養過頭會把孩子逼到絕境，這是我們能夠了解的事；但是，並不是說被嚴格教養的小孩就一定會變得奇怪。所以，不要管教是不是說得太過絕對了呢？」

當然，因為被嚴格教養，所以成為大人物，活躍於社會上的人們，我也都有所認識。所以你們想問的問題就出現了。

究竟那些人是多麼「幸福」的呢？從小就被一路教養過來的讀者們，你們自己的情況又是如何呢？除了工作，你們剩下什麼樣的生活意義？家裡有愉快舒適的容身之處嗎？允許自己享有悠閒的時間嗎？而優秀的人有多少感性了解其他人的痛苦嗎？有沒有以排名的方式來看待他人？有沒有用學歷、工作來評價一個人？能和自己想法不同的人互相溝通嗎？

確實有光從表面很難看出的教養的「罪」，它也沾染到具有競爭的、敵對的，或是自我犧牲的不平等人際關係上了吧！前面所提的「悠閒的」、「容身之處」等等的問題中，要找出人的生存價值，這對於不了解「幸福」為何物的人來講，可能會非常困難吧。但是對於實際感受到「幸福」的人而言，這些絕對是心中最閃耀的寶物。

「要在社會上生存並不簡單」或是「全部都要靠努力的結果」、「一定要成為社會上有用的人」等等的所謂的努力主義，只是那以此為信條的人盲從遵循的。世界上沒有存在絕對的價值！

我希望大家都有的幸福，並不直接以業績、收入、地位，或是靠別人所給予的高評價而來的。而是能夠無條件地自我肯定，並時時打從心底覺得「我能活著，真好」，這就是我所謂的幸福了。

在工作當中，與各種行業的人接觸，你就能重新地體會與了解。被嚴格地教養並在社會上相當活躍的人比想像中還要多，但是他們卻欠缺了這麼重要的真實感受。我想恐怕是因為他們並沒有把「幸福」握在手中吧！

## 帳單會傳給下一代

取代「幸福」所獲得的成功，會以「教養帳單」的形式傳給下一代的，這樣的例子我在臨床經驗上看過太多了。我總會考慮到下一代，孩子以及孫子輩上去。我想這是我和普通的父親們最大的不同點。

將「帳單」傳給下一代的人們。例如，這是某個法官的故事。他的大學女兒，從小就受到良好的教養，是個認真的孩子。現在，女兒得了飲食障礙（拒食症），他為此苦惱不已。而那「帳單」在法庭裡也看得到，聽說只要審理進行得不順利，有時這位法官甚至會情緒高張地大吼大叫。

某個綜合醫院的經營者也曾經來找我談過。他的兒子進入醫學院後「帳單」開始浮上檯面，突然地變得足不出戶，把自己關在房間裡。

這麼說或許有些奇怪，但是治療心病專家的職業精神科醫師，也曾因為自己兒子的心病問題來找我談。

另外，有位在教育委員會擔任要職的人，也來找我談孩子拒絕上學的煩惱；補習班的主任來找我談孩子學習不適應的問題；優秀的警察來談孩子的不良行為……。良好的教養，再加上教育，能使自己成功，而用同樣方式來教養自己的孩子，居然……。像這樣小孩問題浮出檯面的案例，我所經手的案例就不勝枚舉。

麻美的父母都從事醫療工作，從小，她「將來的夢想」就是要成為一位醫生。到中學畢業為止，她都一直朝著「超優等生」的道路前進。成績經常是最好的，而且也是學生會的幹部，在運動社團當中也是正式的選手。但是當她一進入高中後就急速地起變化，她休了學，和異性關係複雜。這個家從女兒的崩壞開始，家庭的和諧也完全被裂。

我想起幾年前，身邊也發生過非常令人悲傷的事情。我所仰慕的一位精神科醫師意外死亡（我想是自殺吧）。他是這個領域的權威，深獲大家的信賴，在家也是個「好丈夫」、「好爸爸」。各種需要諮詢的事情，只要去到他那裡就能獲得解決。他接收人們心中的黑暗面，他為孩子努力，但卻忘了要治療自己的疲憊。他也和不知道「幸福」為何物的人沒有兩樣吧！

我在這裡要介紹，從小接受良好教養，長成了優秀的大人們，在育兒上因為孩子突然崩壞，而使問題浮出表面的案例。而這裡所要介紹的不過是冰山一角。有許多爸爸在事件發生之前，或是當事件發生的當下，並「沒有查覺」。但是我希望爸爸們把自己的成功當作是自己的東西就好，並不需要再將它延伸至子女他們的世代。

## 跟不上時代的老爸

有一次出席輔導員總會，其中年長的男性占了大半部分，快結束時有個Q＆A時間，一位「有意見」的男性站了起來。我傾聽著他想要說什麼……。

「不良少年都缺乏愛國心，在我們年輕的時候，每個人都很有愛國心，所以現在的教育要在愛國心這方面多下功夫，這樣才不會有不良少年。」

這個「意見」果然沒有人加以附和，但是，他似乎真的這麼相信。過了不久，他又繼續說下去。

「打仗的時候，我們為了國家可以犧牲自己的生命，而現在的人，都太自我中心了……（後面的部分我就省略了）」

想要孩子敬愛他人或是社會，並不是強押著孩子說他該怎麼做，而是要藉著與人、與社會的接觸，讓孩子體會那個美好，並打從內心產生的，不是嗎？「你要尊敬長輩」、「你要多幫別人想想」，這樣的教條也是壞榜樣。這個年長男性所採取的行為本身，正是偏狹、獨斷的。而時代錯誤也是很嚴重的問題。錯誤的愛國心，才會煽動對他國的敵意，帶來這麼大的戰禍，造成這麼悲慘的歷史，如此顛沛流離的世代。

或許大部分的人並沒有那麼極端，但是的確有為數不少的父親，對於現在的孩子和媽媽的世界完全一無所知。甚至連「男女共同參與」的想法都沒有，一直被傳統的日本價值觀所束縛著。

這些人為了忽視自己跟不上時代的鴻溝，轉而用各式各樣的理論把自己武裝起來。更甚者，還有「男人工作維持家計，要完成家庭的責任」這種昭和時代的角色分配觀念。他們一面這麼深信著，一面迴避與家庭之間的關係，換句話說，他們只在意所扮演的「父親」這個角色本身。

這樣的爸爸和孩子的關係是表面化的，無法發揮真正的父性，如果由教養著手，容易形成徒有形式的強制關係。所以，母親為了把父性填補，而產生了「過度管教」的狀態。

「所謂父親，是指……」發下這樣豪語的父親們，現在的孩子在等待著與父親的「接觸」呢！當然，媽媽們也在期待夫妻關係的重新開始。

## 時代動搖下的年輕父親

受舊有的觀念所影響，有「作為一個父親」就相當於「權威」的觀念。熱中這種觀念的年輕父親現在仍然為數不少。這些父親以「自己的想法是正確的」為依據，束縛著家庭成員。孩子在這種沒有所謂的客觀性、合理性、公平性的世界裡成長，將會繼續繼承那種態度。

如果孩子在學校有蠻橫無理的態度，那必是「父親的鏡子」的關係。然而身為父親卻只會指責妻子和學校「是你們沒有把孩子教好」。權威爸爸的「理由」，即使是「謬論」，他也會讓它成為正確；對自己的失敗置之不理，卻不能容忍家庭錯誤，而是一味地追求「如我所想的……」。

現在不分性別、年齡、身分地位，人與人之間要互相地尊重彼此的權利，這個對日本人而言全新的價值觀正被提出。但是，好像還停留在提倡階段而已。日本雖然已通過「兒童權利公約」，但幾乎所有的大人都不知道它的內容，因此也無從遵守起。在「配偶暴力防治暨受害人保護法」中，雖然將侮辱妻子一事詳載為「暴力」，但當事者卻不認為自己就是那個當事者。

年輕世代的爸爸們的態度似乎已開始動搖了，即使如此他們一定也覺得與其隨著時代改變自己，還不如就照著自己熟悉的方式來得輕鬆吧！而他們應該也無法毫不批判地來閱讀我所執著、不斷倡導的「請不要管教」的想法吧。反抗意識高漲的爸爸們，請按照你原來的方式吧，因為勉強對一個人來說是禁忌。

在另一方面，你可以回顧自己小時候的情景，把那時候和現在的父子關係重疊對照，會有新發現。例如，在親職演講中，會有夾雜著愁眉苦臉，差一點就要和我「爭論」的爸爸；也有不怕人看見眼眶泛淚的爸爸；也有邊附和邊聽得出神的爸爸。這麼多不一樣的父親樣貌，從講台上往下一看，就能一目了然。

我因為工作關係，和某位活躍於電視台的年輕主播「熟識」。他的小孩剛誕生。我在這裡要引用他寫給我的信（已獲得本人的同意）。

某一天的來信——

> 我想像著「我和女兒」的關係，卻突然浮現起「我與父母」的關係。我的父親很凶，常常罵人，也許他有「語言暴力」吧。小時候爸爸是恐怖的象徵，從高中開

始，我就叛逆地想著「不要成為像爸爸那樣的人」，並從父母的期待中脫離，告訴自己「只要照著自己的路走就好」。當時，對於這樣的我，母親不改初衷地給予「包容」。然後，想起了，從小媽媽對於我「今天發生了這些事」的談話，總會理解地回應我。之所以被高壓的爸爸嚴格地教養還能不致崩潰，我想恐怕是媽媽幫了大忙吧。

下一封信——

事實上，在妻子住院時，我和妻子商量，不把兩歲的女兒放在媽媽那裡，而是由我自己來照顧。我會盡量養育她。不過因為我自己也有工作，所以盡量做到①早上送去幼兒園，②晚上我回家後和女兒一起洗澡，③一起睡覺三件事。雖然只是這一些小事，但在這段期間，當父親的我和女兒之間的關係更緊密了。我認為媽媽不在，小孩一定會覺得不安，所以我想填補這個不安的洞。當妻子出院返家的時候，或許她會變成「喜歡爸爸的女兒」吧……。

這封打動人心的信不需要多做解說吧。我想要和這位主播爸爸成為永遠的朋友，我也想從他那裡學到許多的東西。

## 我怎麼看待年輕媽媽們

處於育兒最後階段的中年父母們，是受昭和初期（一九二五～）出生的世代批判著長大的。那時候受批判的父母親們，現在換成他們批判正在育兒的年輕父母。那些年輕父母同時也正在否定孩子和年輕人的文化。

「現在的○○呀……」是每個世代都可用的慣用句。○○中可以替換成「年輕人」、「年輕父母」、「高中生」、「小孩」……，批判的理由全都一樣，只因為那和自己的認知（＝價值觀）不同罷了。到底哪種想法是正確的？又哪一種是不對的？這件事並沒有絕對。如果支撐那個的根本是錯的話，那麼就像電腦的基本程式的ＯＳ是錯的一樣。

另一方面，現在的年輕媽媽們那一身的打扮，也成為了批判的眾矢之的。只關注美容、流行……。這些對於育兒不僅沒有幫助，有時候還會造成困擾。也許是因為受了媽媽的影響，小學女孩間似乎正在流行穿戴名牌呢！這樣的現象有時候也會對孩子的學習造成影響。

還有，現在的媽媽們太「自我中心」了，她們的舉止往往不被認同。去參觀幼稚園或小學的時候，喜歡和旁邊的媽媽聊天，根本不在意現在在什麼地方、是在做什麼，只顧自己的方便而已。

但是，我並不想這麼絕對地跟她們說「妳不可以這麼做」。若要這麼斬釘截鐵地說，就必須自己要先有自覺，知道自己是在什麼前提之下提出的。只不過，不管是什麼前提，經常都是會變動的。老實說，看到這種只顧自己的年輕媽媽們，我也會覺得不舒服，但我會提醒自己「這只是我自己這麼認為罷了」。

特別是中年以後的爸爸（叔叔）們，對於年輕媽媽們的所作所為，會覺得非常不愉快吧！那是因為看起來她們把小孩丟一邊，只關心自己的事情。

但是，這正是決勝關鍵（對我也是）。我希望大家在看待年輕媽媽時能有雙能不為自己的價值觀所迷惑，進而能看清事物本質的眼光。

## 在街上看到的「沒有家教的孩子」

經常看到的，還有另外一個不愉快的現象。那就是小孩在媽媽的面前任性地做著想做的事，為他人帶來了困擾，也不見父母出言制止。在餐廳高聲尖叫、到處亂跑；在商店裡亂摸陳列品；穿著鞋子站在電車座位上，年長者站在旁邊也不讓座。即使如此，媽媽都沒有任何的責備。

旁觀者可能會認為這麼沒有家教的孩子，父母平時在家一定都沒教導。但是，真的是這樣嗎？實際上，即使是年紀差不多的孩子，不需父母一一指責，孩子也不會表現得太差，在某個範圍內能夠自制的孩子還是很多的。

事實上，那個差異會隨著「反比例法則」（我獨創的說法）而產生。也就是說，**被罵得太多的孩子，會做出更多會被罵的事**。因為對那個孩子而言，被罵已經是理所當然的了。

其實只要是輔導員，都會了解這個法則。即使不專業，只要觀察周遭的親子互動（不要有先入為主的觀念），我想你馬上就能發現，父母斥責的方式與孩子不良行為的關連了。

在人前不罵孩子的年輕媽媽，一進入「家」的這個密室，就好像變了個人似開始嚴厲責罵孩子。在他人注視到的地方，有時候她會把對孩子的怒氣忍住。這是因為那個媽媽缺乏自信。請各位務必至少要親眼見過一個狀況後，再來下定論「年輕媽媽不罵小孩是不行的」會比較好。

此外，我還要對一看到孩子表現出不良行為，就會神經兮兮的爸爸們提問。同樣地，對於大人的不良行為，你也會這麼在意嗎？如果是你做的，你又會怎麼樣呢？「大人沒關係啦！」如果你這麼說的話，那才是以自我為中心所做出的辯解。因為趕時間，所以闖紅燈穿越斑馬線；在混亂的大街上叼根菸；深夜還在外面晃蕩；在酒席上飲酒無度；在工作上說苛刻的話、對部下亂發脾氣；在賭桌上輸掉很多錢……。最後，大人貪污瀆職、挾怨報復事件，幾乎連日在報上刊載，作為那些當事者的朋友，大人們又是怎樣地引以為戒的呢？

可悲的是，小孩看著那樣的大人，就有模有樣地學起來了。請給小孩對於「大人的事」自由發言的機會看看。刺耳的批判肯定會是鋪天蓋地而來。特別是主張「管教不足」，用威嚴裝扮自己的爸爸們，孩子會怎麼說你呢？

「大人只顧自己，最差勁！」

是的，媽媽們擁有爸爸們沒有的勇氣！媽媽會去做諮商，回想自己成長經歷，並且不怕丟臉地說出來；而爸爸們則是在外圍築起高牆，一面注意還有沒有空隙，一面則繼續往錯的方向去尋找問題的癥結。

## 電玩遊戲不好嗎？

在本章的最後，我想提出電玩遊戲來討論。

在合法的事物中，再也沒有像電玩遊戲般被大人視為罪惡淵藪的東西了！對父母而言，它俘虜了孩子的心，簡直就是父母的天敵。然而它對孩子們而言，卻是個充滿魅力的東西。

用「不管教」這個方針與孩子相處的結果，如果孩子在外面可以玩得很盡興，我想那就表示能夠寬容的父母變多了。但是，把「不管教」用到電玩遊戲那一塊，小孩就會陷進去而無法自拔，父母恐怕還是無法那麼容易放手吧！

就像做任何事都有方法一樣，對於電玩遊戲，重要的也是方法。電玩遊戲本身並不是「壞東西」。

對於這個，我想以刀子為例，試著思考看看。

一九九八年發生多起「中學生小刀事件」的時候，大家對刀子產生了許多爭論。

我想在這裡給個結論。刀子本身不是問題，問題在於它的使用方式。菜刀是做菜時不可或缺的工具，刀子也是某些工作中必要的工具。在很久以前，能提高狩獵效率的也是刀子。相反的，戰爭中被使用的刀子，則取走了許多寶貴的生命。現在和以前都不變的是，刀子都有其好的用法與不好的用法，而人類都曾經驗過。

電玩遊戲也是一樣。適度使用的話，就會帶來刺激腦部發展的好處。以此為媒介，也能促進人際關係，還能轉換氣氛，為生活帶來不少的樂趣。不過它也會招來不好的事，像窩在房裡聚精會神地玩遊戲，對於其他的活動完全不關心等。過度的話，還會損及視覺感知及腦部（也就是所謂的電玩腦）的危險。

所以最好不要有電玩遊戲，也最好不要讓孩子玩？我覺得這樣的結論也未免太過單純，也不正確。和刀子一樣，遊戲也是，使用的方法最重要。在這裡我想請父母，把「如何禁止電玩遊戲」的想法，轉換成「如何認同電玩遊戲」。

如果父母強制剝奪對孩子有吸引力的東西，也許最初孩子會唯唯諾諾地遵從，但不多久就會逐漸反抗父母的意思，與父母之間的對話可能會變得沒有意義，最後連心思都漸行漸遠。到了這個狀態，就是最深的弊害。小孩開始追求家以外的地方，強化對反社會人際關係的關心，也許反而會變得孤立。所以，對電玩遊戲的處理真的要慎重以待。

那麼，依照我的「不要管教」的理論，就是「不剝奪孩子的電玩遊戲」吧！我想，應該把它視為是利用電玩遊戲，讓孩子覺得家是個有魅力的地方。藉由透過與家人分享的喜怒哀樂，是可以提高這種魅力。

說得更為具體一點，如果父母也可以參與部分遊戲的話，那會更好。有時候可以與孩子談論遊戲，找朋友來增進人際關係。遊戲絕對不是完全都不好，應該可以選擇性地接納它。如果能對電玩遊戲抱持這種眼光父母的建議（限制）就能達到效果，這是必要的條件。至於對於那些已經不聽從父母勸告的孩子，多半是因為家長早已經單方面地給予強烈的教養，孩子對此早就感到厭煩了。

就遊戲而言，由根本的「不要管，接受它」開始，慢慢地親子關係就會修正成不破壞和諧的氣氛，還能一面和孩子聊遊戲應對的關係。

在我的諮商中，也經常會有線上遊戲的話題。我也曾建議他們：「由父母先開始同意孩子玩吧！」而這種奇特的建議會有效果，是因為那一個家庭嚴禁線上遊戲，導致孩子陷入自我否定的困境。

# 9 媽媽們的心情

## 對孩子的依戀

幸福，在基本上（＝無條件）只要是認同自己的人就能獲得。對於「我是什麼樣的人」這一個問題，我的答案是「自己眼裡看到的自己」。那是從出生到現在，點點滴滴累積下來形成現在的我。當然，這點點滴滴有好也有壞。孩童時期殘留的情緒上的疙瘩，是會影響現在的「我」，並在為人父母應有的樣子上，蒙上一層陰影。

諮商師一般多重視過去，其原因在於為了要試著**消除心裡的疙瘩**。因為人沒辦法再回到幼兒時期重來一次，所以只好在諮商當中用「象徵性」的方法挑戰它。我把幼兒時期象徵性的重來稱為「重生」。對於這個課題，表面上看似沒有迫切需要的媽媽，有不少人也會在不知不覺中被過去所左右，而莫名地厭惡自己。

許多為「孩子問題」而來諮詢的媽媽們，大多數有這樣的狀況。雖然說面對的是孩子的問題，但事實上，是想與被自己拋棄的過去「和好」。過去的心裡的疙瘩，或可說是「遺憾」。

「我以前真的很想做○○，但是沒做成！」

媽媽在她的幼兒時代有個強大的壓力阻礙，使得她沒能達成○○的願望。遺憾是指，內心「如果可能的話，我想做○○」這樣的希望一直都殘留著。這樣的媽媽們，把自己沒能完成的事情，轉移到孩子身上，希望他們幫自己實現。於是，灌注到孩子身上的能量，化身成「父性」。

「自己無法實現的夢想，至少也要讓孩子完成。」

自覺有這種情形的媽媽應該很多吧！然而社會卻美化這個心情，也認同這種「媽媽的好意」。但是，卻也因為這樣，進而從孩子身上剝奪了「像個孩子」的權利。使得孩子成了完成父母心願的替代品，這絕對不是理想的方法。母親的「夢想」，不見得適合孩子。代替媽媽們執行夢想的孩子，也許「真正的自己」正被扼殺，那都會成為孩子心中的心結的。而且，心結會不斷地成長，當有一天孩子成為父母時，又會同樣地讓孩子成為自己的代替品，於是世代鎖鏈的惡性循環就這麼形成了。

媽媽們如果認為「我以前想做的事」、「沒能完成的事」，孩子也一樣想做的話，那就誤會大了。

那麼，如果不要讓孩子成為自己的替代品，該怎麼做會比較好呢？

我的想法是這樣的：

**媽媽應該在自己的人生路途上追求自己的夢想。**

**只為了孩子而努力是不對的。**

## 聚焦在「念書」上的媽媽態度

母親的「遺憾」寄託在孩子身上時，「讓孩子用功念書」這個形式是當中最顯著的。唯獨這個，和學習有關的心裡的疙瘩是最複雜的了。

「自己是那麼地努力，卻還是不能滿足父母的期待。」

「那個時候，我如果能更用功一點那就好了！」

「成績不好被罵，真是太悲慘了！」

「我被迫選擇了一條自己不想走的道路！」

「因為家裡的問題（因為經濟等問題），不得不暫停學業。」

應該有不少的媽媽們對於這些回憶心有戚戚焉，並不由得發出「我就是這樣」的驚嘆吧！但是，除了完成母親未完的志向外，應該還有其他要孩子努力念書的原因吧！現今這個時代，念書的成績與社會評價的標準關係緊密，或許也是一個重要的因素。成績，是一個能夠清楚看到的「形式」。得到確實的評價，對缺乏自信的母親們而言是一件非常重要的事。對於孩子的社會評價，往往與對教育孩子的母親的評價連接在一起。然而，社會給予「讓孩子讀書」這件事太多的寬容了。即使孩子在心靈成長呈現負成長，只要跟「讀書」有關，全部都可以被原諒。

那麼，各位讀者，請看看身旁的母子吧！媽媽是用什麼方法讓孩子讀書的呢？依循早期教育的理論，而瘋狂地讓幼兒念書的人，隨處可見吧！的確，幼兒期的頭腦可塑性高，這時期的經驗會給腦部帶來很大的刺激，這也沒錯。

雖然如此，我還是要對早期就對孩子進行教育的家長，大聲提出抗議。家長們不能忽略只因為這時期的可塑性高，就要孩子花時間在念書上這件事的缺點啊！在這個時期，**讓小孩子們體驗當個「孩子」是不可欠缺的事**。

讓孩子順著好奇心，去探索世界；有機會不斷試誤學習，再自己下判斷；讓他們與同年齡的孩子自由交流；讓他們體驗各種情緒，試著去表現……。然後，最重要的是透

**過媽媽「不強制」，讓孩子去接受「原本的自己」**。這樣可以培養他的自尊，形成安定的人格基礎。這個基礎是為將來的學習做準備，也是一生的寶藏。

對小孩念書一事熱心的人，對於學校出的作業會如何地要求小孩做呢？從小學低年級開始，要孩子反覆練習單字的書寫、數學的運算？什麼時候開始去補習班？一週去幾次？也許還有人為了讓孩子進有名的幼稚園，在進幼稚園之前就讓他們接受許多特訓吧！

的確，從很小就開始念書的孩子，與沒有接受過訓練的孩子相比，初期是能得到優秀的成績，但僅此而已。當到了要求自主學習的高中階段時，成績大逆轉的人非常多。在心理學的研究中，小學低年級的成績與高中的成績之間，其「關連性很低」。幼兒沒有人會自己喜歡念書的。所以只要熱心地鼓勵孩子念書，那個孩子應該可以很機靈地被操控。總之，強烈想要「讓孩子念書」，應該是對自身經驗感到「遺憾」的表現。然後，「教養帳單」就就轉到不得不去適應那樣母親的孩子身上了。

沒想到在我寫這篇稿子時，竟然發生母親把小二的兒子掐死的事件，這是多麼悲慘的事啊！依據警方公布的母親犯案「動機」，居然是因為孩子不想去補習班上課。從這起事件當中我們可以窺見，這個媽媽從小就照著父母的期待勤勉向學，一定是承受著

「如果不這麼做，會被媽媽討厭的」壓力，度過了不安的幼兒期吧。

## 對孩子的憤怒以及自虐

為什麼幼小的情緒疙瘩中充滿了「不快」呢？「快」是快樂的回憶，可以為以後的人生添加色彩，但卻成了疙瘩……。疙瘩中混雜了憎恨、嫉妒、憤怒、悲傷、寂寞……，經年累月之後化成了憤怒的硬塊。男性的話，他們很容易對他人或器物展開攻擊；女性的話，則比較傾向於對自己（近年來也可看出女性攻擊的外向化）。

像這樣，情緒的疙瘩是責備自己，責備又會引起失敗，於是又再次苛責自己，形成了越來越無法自拔的惡性循環。因此，自殘行為在女性中較常見，然而，對於這種心理，男性則有比較難理解的苦惱。

自我責備的女性結婚成為「媽媽」之後，攻擊目標就不再只有自己了，也會把目標朝向「最愛的孩子」。對母親們而言，孩子是她們的分身，就因為愛，才會加劇憎惡的矛盾，這是因為討厭自己所衍生出來的結果。

我想忠心告訴這些媽媽的是：千萬不要太專注於現在「不好的自己」。至少妳要先知道，過去與現在是有關聯的，同時也可以尋求政府相關單位的協助。

自虐的、控制性的母愛，往往會成為憤怒的化身，而對著孩子露出猿牙，闖入虐待的灰色地帶。本書並不準備詳細探討虐待，因為本來管教與虐待的區分就含糊不明。究竟這麼做是虐待？還是停留在管教的領域裡……？這是會受到育兒的環境所左右的。

無論如何，現在的「不好」是可以追溯到過去的，如果只關注在「現在」，試圖改變，那麼無論多麼努力，都會徒勞無功。可惜的是，過去問題越嚴重的人，往往會自動地把視線從過去移開，那是因為她想為嚴苛的過去蓋上蓋子（＝否認），並設法將它封存起來。但是，要從心裡的疙瘩當中解放出來，就不能忽視這項困難的工作。

自責的媽媽們，多會對於真實的過去，輕描淡寫地說「這不是什麼了不起的事」、「這沒有什麼」，或許她是什麼都不記得了吧！即使如此，如果有個能接納、能成為堅強的支持者，那麼就開始一點一滴說出來吧。因為用言語說出來，把痛苦的自我成長史當作確鑿的事實加以去接受它，這是最最重要的事。並以「我接納原原本本的自己」的態度原諒自己，並且也用「沒關係的」這樣的態度去認同接納孩子。

關於和過去面對面這個部分，我會在最後章節再做詳細說明。在這裡，我想再度提出的是，不擅長教育小孩的媽媽，絕不是「不行的人」。厭惡自己的媽媽們，請一定要相信我！

## 競爭的媽媽們

缺乏自信的媽媽們，為了要消除自卑感，她們會在「外表」上做努力，讓自己看起來居於強勢，會跟其他的媽媽們互別苗頭。因為朋友當中如果只有自己看起來寒酸、不漂亮，不僅會覺得自卑，對於自我的評價也會越來越低。為了要和其他人一樣，或是要比她們更優秀，就不得不如此做。

例如丈夫的職業、收入、外表、身材，所擁有房子、車子、服裝、包包、首飾、化粧品等，甚至寵物也可以成為比較的對象。學習的才藝、興趣、美食、旅行、庭院、談話的內容等等，比較的對象不限於物品。還要說服朋友相信自己的宗教、接受自己親手做的東西，來拉攏人心。

而左右勝敗結果的，如同前面所述，就在於孩子的學校成績，也就是所考取的學校。因為那是會被大家知道的，不需要去特別宣傳。只要靜靜地等候其他媽媽說：「聽說妳家兒子考取了〇〇高中啊，真令人羨慕呢！」

爸爸努力在工作中創出一番成績，相對於此，媽媽透過育兒，把勝負寄託在孩子身上。如果沒有什麼可與他人抗衡的，就只好迴避與友人的往來，也不涉入和自己沒有關係的事務。有時可以看到，有人突然正顏厲色，把自己是個「不行的媽媽」搬出來講。

我看著身邊的媽媽們，感覺非常難過，尤其這在家長委員的選舉中表露無遺。不想有麻煩差事的這些真心話，表現在豐富的言行舉止上。被抽中了的家長雖然不願意，一般的媽媽們還是會完成那一年的任期。不過，其中也有率先接受委員職務，取得特別的地位，從中獲得滿足感的人。當然當中也有不願意，而頑強地拒絕的人。讓孩子看到「正在勉勉強強地當」委員的樣子，其實這樣是在為孩子樹立不好的示範。每一次到了年度選舉，我就會不由得想起……。

好像有點離題的感覺。總之，用外在給人的印象來分勝負的人，是無法認同自己的人，這些人是和真正的幸福沒有緣分的人。

## 「強迫自己辛苦」的愛

有許多媽媽為了家庭奉獻一生，在我的諮商當中就碰過許多。我邊聽這些媽媽的遭遇，邊忍不住要為她們感到悲哀。

「為了孩子，再怎麼辛苦都沒有關係。」

對此深信不疑而努力不懈的媽媽們，為什麼孩子還是會發生各式各樣的問題呢？正確來說，這種寫法是不對的。應該解讀成，看著媽媽辛勞的背影長大的孩子，幸福是絕對不會去拜訪他的。

年幼的孩子都喜歡媽媽，那麼無論妳如何地「為孩子」著想，站在孩子的立場想想看，總是看到辛勞的媽媽，孩子的內心是很痛苦的。他把媽媽的辛苦放在心上，神經質地過著生活，遲早也將會繼承媽媽那個樣子。

「替媽媽著想的貼心女兒」是最能看出上述狀況的。這種小孩應該會一面心疼地「不想擔心」，一面又要把真心話給壓下來，做個媽媽的好女兒。

但是到了第二次叛逆期，那「心裡的疙瘩」有時候就會潰堤而出。從原本順從的乖女兒突然變成不良少女，是比較常見的典型。遭受女兒反抗的媽媽，好像看到自己小時候，彷彿看到以前媽媽心痛的身影。「勞苦的媽媽」將接力棒交給「看著媽媽辛勞長大的女兒」，這世代的鎖鏈綿延而不斷。

小時候是好孩子的麻衣，在中學二年級春天離家出走。媽媽作為一個家庭的「媳婦」，從以前開始就接受到不平等的對待，但她從不說出自己的不滿，還是對先生以及公婆盡心盡力地扮演一個媳婦應有的角色。她對獨生女也是親切對待。然而無論媽媽如何加以掩飾，事實上，勉強自己所做的事，女兒都會知道。

麻衣小學的時候，媽媽常常起個話頭說「我們今天去外面吃吧」、「下次休假我們一起去買東西」、「我們去外婆家玩」，要帶她出去玩。但是，每次又總是用「爸爸在家不行去」來搪塞她，不帶她出門。因為她的先生是個非常不喜歡太太外出的人。

媽媽自從女兒離家出走後，流淚痛苦地述說：「女兒曾經跟我訴苦！」當她確實地注意到這一點後，她決定「要為自己努力」（蓄積精力）。她向我強力宣示：「我再也不忍耐了！」當天晚上，她對先生說：「從今天起，請讓我做我自己想做的事吧！」接著也離家。她找了麻衣的朋友，問出她的去處，因為「絕對不許離家出走」，所以把她從外面拉了回來。然後，對丈夫發洩了許久以來一直被控制的不滿。之後，聽說麻衣看到這衝突景象，表現出很高興的樣子。

就這樣，家庭完全改變了。一邊是能做自己喜歡的事情、變得生氣勃勃的麻衣和媽媽；然後，另一邊是只能不高興地看著兩人改變的爸爸……。

一般來說，由媽媽一人承擔辛苦的家庭，裡面都有一個對家漫不經心的爸爸。雖然媽媽事先知道「和這樣的人結婚會很辛苦」！但還是選擇了這樣的人為結婚對象。然後，強迫著自己辛苦，卻也不見她想要改善婚姻生活，經常擔心「自己該怎麼做才好」，把問題全攬在自己和孩子的身上。

麻衣的媽媽透過反抗用權威裝飾自己的丈夫，而開始能夠面對從幼兒期延續而來的課題（心中的疙瘩）。之後，父母雙方好像也才第一次面對孩童時期的想法，這就是我所說的「第三次叛逆期」。對於沒有把第一、二次叛逆期用完的人而言，這是人生最後的、有正面意義的叛逆。而教給媽媽的，正是這在賭青春期女兒的人生第二次叛逆。

## 對感情變淡丈夫的期待

在很久很久以前，曾經流行過一句「先生很健康，常不在家比較好」的電視廣告詞。當時的我並不相信這世上真有媽媽會這麼想。但是現在，我從實際的狀態當中已經證明了它的正確性。雖然不能說是「許多」的媽媽，但確實有一定的媽媽們，希望丈夫不在身邊。不管她們是不是因為經濟上的考量……。

如果爸爸們知道這個實情，可能會擔心吧！還是，一直以來心就向著外面的人，反而會頓覺輕鬆呢？

接下來要介紹的是分別就讀小學和中學兩個孩子的母親所寄來的信件。

先生明天要到國外出差。我以前就一直在等丈夫不在家的日子快點到來！但是，不在家的日子只有一週，我希望他能出去一年、甚至兩年。我只要想到他要回來，身體就會開始不自主打寒顫。

接下來的這封信，是個有兩歲孩子的媽媽來信。

我的先生簡直就像個孩子。只要看到我在處理孩子的事，就會嫉妒生氣。然後對我說：「幫我脫襪子」、「我想吃餅乾」、「幫我按摩腿」。他老是在我照顧孩子的時候打擾我，他希望我對孩子能敷衍了事，隨便做做就好。

還有一封來自另一個母親，很具衝擊性。

老師，你能接受外遇嗎？我沒辦法再跟先生繼續下去了。我想要一個溫暖、能包容我，有更寬容心的男人溫柔地對我。事實上，我現在有一個這樣關係的人。而且，我就這麼地被療癒著，並因此精力充沛，在家事和照顧小孩上能更加努力，這樣不行嗎？

像那樣看起來溫柔的男性，結婚後不久也會一改對妻子的關懷，把家中所有的事全交由妻子處理的案例也不少。

「不應該是這樣的！」

結婚前懷抱著擁有一個溫暖家庭的夢想，就這麼脆弱地崩壞了，這是事實。

剛開始時，用「嗯，小孩有點……」當作「信號」試著說出，但每次才開口，丈夫就顯出一副「不耐煩」的樣子，於是漸漸地死心斷念。事實上，媽媽在育兒上，最需要的是來自丈夫的精神支持。

媽媽們每天疲累地埋首於家事和照顧小孩，最希望的是能獲得丈夫的體諒了。如果丈夫在這上面反應遲鈍的話，那麼無論在外面賺多少錢回來，還是「不在家」會比較好吧！因此，太太在心靈上的支持者只好向外尋求了。諮商師的這種職業也是其中一個（依靠＝代理）。

# 10 媽媽之所以走上「父性」一途

## 前所未有的少子化時代

造成媽媽們加速變得父性化的原因之一，我認為不能忽略少子化問題。少子，換句話說即是多大人。這是個小孩被許多大人所圍繞、養育的時代。這個結構上的問題，也可以說是缺點，就是它為教養帶來異變的「元凶」。

「少子化、少子化」，雖然大家都這麼掛在嘴邊說，但是你知道是減少了多少孩子嗎？我們來看看全日本人口當中兒童（在統計上兒童是指十四歲以下的孩子）所占的比率就可以清楚了解（請參照下一頁圖）。二〇〇四年度的統計結果在「兒童節」這一天發表，所依據的數據顯示，兒童只占十三・九％。這個數值即使和其他國家相較，也都是在最低水準。與義大利（十四・三％）雖然沒有太大的差異，但那是他們已經經過超少子時代，現在轉為增加的狀態。而日本仍舊處於持續減少的情況當中。請參考

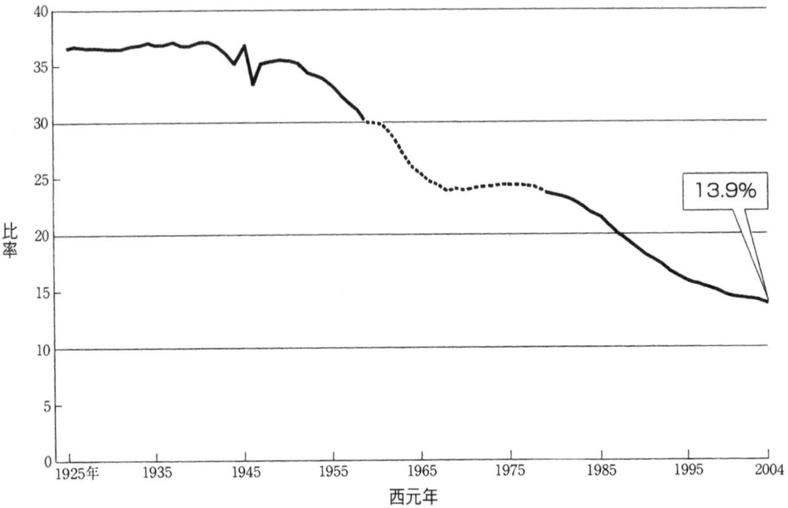


兒童（14歲以下）占總人口比率的推移圖

（1959～1979的虛線部分，是指在2004年當時25～45歲在育兒的世代。數據來源：總務省統計局）

這裡所列出的其他國家的數值。美國是二十一・〇%，韓國則是二十・六%。

十三・九%是日本的現況，這持續減少的事態嚴重性，只要和以前相比，就可以明顯看出了。一九五〇年以前，兒童的比率是位於安定的三十六～三十七%。就單純的計算比率比較來說，從兒童一人對大人一・七〇人的時代（一九四〇年），到現在是大人六・一九人，已達三倍以上的事實。這樣下去的話，會起什麼樣的變化呢？

小孩們被大人所看見的頻率、被鼓勵的程度會增加。社會上的大人們全都在照顧小孩，就以教養孩子來說，一不小心就會超過「適度」的門檻，而到達

「過度」的危險。

五十年前還是小孩的大人們，請試著回想當時的情形吧！可怕的「雷公父親」大發雷霆時，忙碌的媽媽沒有空來安撫，生活上雖然沒有那麼快樂，但不也很懷念那一段「兒童時代」嗎？大人視線外的「小孩場所」非常寬廣，在這些地方不會受到大人的干涉，優遊自在，也唯有如此才可以過個像個孩子的生活。

無論你做了多少的惡作劇，對於爸媽所交辦的事偷懶……，許許多多，都不會被大人所注意，可以為所欲為。

## 「母親樣貌」改變了

同時，對孩子而言，所謂的自由就是指大人無法出手幫忙，因為這樣才可以給孩子帶來美好的體驗。為了突破難關，孩子們一定要自己思考、自己行動，自己反覆試誤學習。這樣可以培養他們的自主性與社會性，並能自然而然地習得常識。這樣實行的結果是，小孩毫無困難地被好好的教養了。

在被大人包圍的環境中，現在的孩子們在「愛情」、「義務」、「教育」、「教養」種種的名目之下，受到緊密的監視、誘導，即一定要在所謂的管理中適應不可。最平安無事的生存方法就是，「察覺大人的期待，然後回應它」。這也就是為什麼那些身體長成大人了，而在精神層面卻還是一個不成熟孩子的人不斷增加的原因。

談及致使媽媽們的關心都集中在孩子身上，推著媽媽們往父性化暴走的另一個主要因素，就非得提及科技產品的發展了。在這個只要按一下開關，洗衣、做飯樣樣都幫妳做好的時代，家事勞動的時間節省了，多出來的餘裕全都灌注到孩子身上。因為小孩少了，所以媽媽知道孩子所做的每一件事，只要媽媽覺得需要時，每一件事都會插手幫忙。

教養中「控制」的色彩越來越強烈，導致孩子原本的天分就被遮蓋了起來。雖然我一直反覆說明前面的論點，但以悲劇之姿映入我眼中的是，越是**強烈期望小孩未來會成功的媽媽會越朝父性化發展的悖論**。其實媽媽們內心一點也不想對孩子苦苦相逼的。她們毫無懷疑地深信「我這麼做都是為了孩子」。但是卻沒有發現孩子朝著成功的路，少了不可或缺的體驗。媽媽們邊嘆氣地說「明明我都幫你設想得這麼周到了……」，於是面對眼前這個不符合期望的孩子，也不得不露出連自己也不願見到的「凶狠的臉」。

以前的媽媽們，應該不知道所謂正確的教養孩子的方法。在教養上很沒有耐性地，一有什麼事就罵孩子、打孩子。因為大人都很忙，所以就放任孩子，不會特別地去管教。那時候除了生有很多孩子，還有很多的家事要花時間做；所以相對來說很幸運地，讓媽媽和孩子們之間保有了距離，媽媽根本不可能有多餘的精力和時間去管教孩子。因此即使媽媽性格上有問題，也都只有部分會傳給孩子。也就是說「女兒將來會成為一個和媽媽一樣的母親」。像這樣，這個家庭的「母親樣貌」就會像跑接力賽一樣，交棒給下一個世代（＝世代鎖鏈）了。

但是，在少子的這個時代，接力棒的性質已經產生了異變。媽媽對孩子的影響度增加，也加速了自己的父性化，使得孩子們不得不壓抑自己的內心。所謂的壓抑，是指將人類本來的需求、情緒「壓下去」，把它放在心底的最深處。而這也是讓煩惱的現代人心理，產生普遍性的、各式各樣精神問題的原因。

## 「教養」與「虐待」的關係

本書講的明明是教養，標題上所出現的「虐待」，也許會讓人覺得有些誇張。不過，那些人可能對虐待有所誤解。「教養與虐待的界線在哪裡呢？」我常常被這麼問。依照我的臨床經驗來看，就行為者而言，都是相同的心理狀態（感覺到是教養，有父母之愛），所以無法做區別。

虐待，應該是從「**對孩子身心成長帶來不好影響的雙親態度**」來考量。而未必要到讓孩子受傷那樣激烈的暴力，或是讓孩子營養失調幾近放棄育兒，這倒還不見得算是非常嚴重的虐待。會對孩子心靈造成極大創傷的，反倒是父母對子女所說的話、對子女的態度。雖然是在所謂的「教養」上平時較常使用的話語；但如果做得過分，傷害、侵蝕了孩子心的話，才是可怕的吧！我對於最近父性化媽媽們的管教，真的不得不說，這樣是屬於「虐待」的。

接下來，我想再檢視另一件事。即是教養對於孩子而言，是「絕對」的嗎？也就是說，父母的意見都是對的，小孩都是錯的，所以小孩一定要遵照父母的指示。聽到孩子的反駁，就要他們「不要找藉口」、「不要囉嗦」，一點都不想把耳朵湊近傾聽一聽。還有，孩子做不好的時候，就責備「怎麼這麼被動」、「真是個沒用的孩子」。

這些具體的例子，是每個家庭都有可能會出現的「虐待的教養」。

「不，不對。完全錯了！糾正孩子是大人的責任。」

現在，會這麼想的人，也許就在不知不覺中做了虐待孩子的事！即使是新聞當中所報導的虐待事件，父母大多會解釋為「我是要糾正孩子的錯誤才會這麼做的」。這個說明，正是「藉口」的典型，在心理學上稱之為「合理化」，是為了隱藏自己的愧疚所啟動的心理防衛。

瑞士著名的心理學家愛麗絲・米勒（Alice Miller）寫了一本書名叫《我是為了你好（暫譯）》（***Am Anfang war Erziehung***）。書裡把虐方心理直接地寫了出來，如果把日文書名《魂の殺人》（靈魂的殺人）對照去理解的話，它不是正中標的了嗎？

但是，想要讓因教養而打小孩的媽媽們馬上停止體罰，是一件非常困難的事。首先，我們可以從停下「教養」開始來試試看。雖然常聽到媽媽們說「我是因為愛他才打他的」，這當然也是自己合理化後的說法。不要把它視為「是為了孩子」，而要反過來誠實地說「我在打孩子！」這樣會比較好。

將體罰、責罵正當化，把責任轉嫁到孩子身上的話，只會讓孩子深信「自己是個壞孩子」。**孩子厭惡自己、否定自己這件事，就是虐待後遺症的核心了**。唯有父母親開始發現，自己的合理化習慣時，改變自己的契機才會因而產生。

我在這裡要特別衷心地告訴父母。即使你對孩子做了虐待式的教養，也絕不表示你在為人父母上就失格了。因為父母也只是個擁有很多過去的人啊！但不管現在如何，我覺得想要和不安奮鬥，試圖克服悲傷過去的影響的你，都是很美的。

## 親子教養書沒有用

前一節內容當中談到，察覺自己有把事情合理化的習慣，並願意改變的重要性。但是，因為合理化的習慣會在無意間、自動地運作，所以也許要察覺會是很困難的。發現和改變的困難度，就相當於面對孩子教養一般。

父母親的影響從幼兒時期開始，長期地一點一滴地滲透到心底深處。對孩子注入許多精力的媽媽，當直接面臨孩子不照自己的期望去做，即所謂的「教養失敗時」，心裡深層的指令就會啟動。這個時候，最好不要太依賴教導你「這麼做比較好」、「試試那個方法也不錯」的教養書籍上的知識。因為那些知識在育兒問題上疲於奔命的媽媽們，是無法實際感受得到的。

同一件事情，對某些媽媽來說是輕而易舉，但對某些媽媽來說又難如登天，或者非得要付出極大努力否則無法成功。這其中的差異，就在於自己小時候是否有受到同樣的對待。有擅長運用新學的媽媽，也有老是失敗的媽媽。

比方說，有的媽媽當遇到小孩在哭的情形時，能很自然地說：「秀秀！」然後抱起來哄一哄。這樣的母親，在她們小時候哭泣時，一定也獲得同樣的對待並獲得滿足。因此哭泣的這個刺激是伴隨著「愉悅」吧！相對於此，也有媽媽一看到孩子哭，就會焦躁地說：「為什麼又找我麻煩！」而把怒氣發洩到孩子身上。我想那是因為她在小的時候，哭泣就會被打，或是被忽略；那麼哭泣的這個刺激，就會和「不快樂」有強烈的連結。

後者的母親們，可能會被前者或男性，或是長輩們認為這樣做是「把小孩寵壞」、「努力不夠」，但他們卻怎麼也無法理解「無論怎麼做也不會」的痛苦吧！這個誤解，對於不是很聰明的媽媽們而言，更是形成了一種無形的壓力。這樣下去，只會讓育兒的環境更加惡化。長年和這些虐待孩子的媽媽們相處的我，那中間過程更是歷歷在目。

媽媽們首先一定要做的，不是要知道有關教養、育兒的正確知識，而是停止接收社會的同情眼光，以及那自生命經驗中傳承的不幸接力棒，並且得到適切的引導。可惜的是，一直以來祖父母所擔任的指導者角色，現今似乎也產生了變異。

## 三代同堂的功過

有人指出家庭會產生各種問題，全因為小家庭化的關係。的確是不能說沒有關係。但是，我想也不能一言以蔽之，就說這是對媽媽們在育兒上所產生的負作用。在三代同堂的家庭當中，和祖父母的關係有很強烈的糾葛，這個陰影會落在整個家庭中，而這樣的類型也是時而所見。關於這個問題，我想以與祖母的關係為主軸提出來談。

三代同堂之罪的側面，在對家庭關係中控制性強的這一部分特別顯著。也就是說祖母也趨父性化，而想要管理媳婦（＝媽媽）。另一方面，媳婦這一方，以前在父性化母親的教養下，在母女關係上留下了心結，當結婚之後，兩者（婆婆與媳婦）發展成新的母女關係，於是展開了複雜的應對關係。

有一種類型會招來婆婆的不滿，而使得「婆媳的爭執」趨於表面化。那就是與小孩教育相關的主導權之爭。而丈夫沒有力量進入當中來協調，那是因為他是在媽媽控制下所教養出來的「男孩子」。

以拒絕上學的小學生姊妹的案例來說明。祖母在孫女面前說母親的壞話，給孫女零用錢，拉攏孫女。而媽媽也一樣，在孩子面前說祖母的不好，並惡狠狠地對親近祖母的孩子說：「妳喜歡去那裡，就去呀！」這麼做只會撕裂孩子的心。終於，一面仇視爭吵，一面同住的日子到達了極限，於是他們做下搬家的決定。姊妹倆被「兩個媽媽」拆散，姊姊住在媽媽家，而妹妹住在祖母家，從此一家就這麼分開生活。

第二種類型是媳婦順從婆婆。雖然婆媳關係上看不到問題，然而被壓抑母親的情緒卻反撲到孩子身上。母親把自己幼兒期「順從的女兒」角色，搬來和婆婆的相處上運用。進一步地期待著自己的孩子順從，於是形成了單純的鎖鏈。這樣對孩子而言，祖母和母親都只不過是控制者的角色而已。在這家庭裡面沒有任何一個孩子可以認同的人際關係。

這兩種類型互相比較的話，應該說前者在未來比較看得到希望吧！表面化的對立會成為動搖家庭的原動力，最終也會連不開口的丈夫都會受到影響。至少，也許能有從單純的接力棒中解脫出的轉機。

如果要找出三代同堂的理想典型，相對於父性化的母親，家裡應該要有個母性化、寬容的婆婆。而父親缺乏適切父性的部分，就由母親來補足；由祖母來補足母親母性的角色。能給孩子提供多樣的，與大人相處的人際關係。有時對他嚴格，有時對他認同，使得平衡的人際關係能在家庭中成立。

由母親造成的虐待事件，大多發生在「母子膠囊」（密室）中。所謂母子膠囊，是指母親與年幼孩子，只有兩、三人的人際關係，由一個看不見的膜隔著，無法與外界交流的狀態。因為離婚或分居等原因，父親不在，也是危險的因子之一，要母親的掌控踩煞車是很困難的。無力的孩子和太為孩子好的母親，如果在這個類型中有個不一樣的祖母，就應該能夠形成防止母子膠囊化的強大力量了。

## 價值觀的多樣化

之所以讓母親們走上過度管教一途的原因，我想應該是價值觀激變的現代社會中的不安定所導致的。這裡雖然我用的是價值觀一詞，但特指的是人與人之間的關係。日本在傳統上習慣依性別、年齡，以及其他階級來看待人，也因此，才會產生許多的歧視問題。本來就不應該有如此的階級觀念，雖然持續在改正這樣的人為階級制度，然而如此還是留下了部落等問題，根本不能說是已經解決了悲慘的狀況。

可惜的是，日本人向來喜歡積極談論他人的事務，卻不檢討自己。而因職業所產生的歧視人際觀，特別容易在被舊思想限制的人身上出現。

只看人的一部分，就以此來評價整個人，這樣的傾向稱為「光暈效果」。因此會有類似「因為是醫生所以很優秀」、「因為是公務員所以很認真」的想法。把職業與人格相連結是完全不正確的。這樣缺乏依據的階級意識，近年正急速地轉變。以前我們對崇敬的教師們尊稱為「先生」，現在則依情況不同，有時僅將他們視為「教員」而已，有時候甚至也是被侮辱的對象。

和這不一樣的是，性別和年齡就具有客觀性區別。但是，以此為根據的「不一樣」太一般化了，人類的對等意識無法落實。用「女性是○○」的說法，大抵是輕視女性的地位，有梱綁了母親們的發展，對孩子產生不好的影響的危險。這一類說法中，尤為甚者，諸如「養兒育女是母親的責任」、「妻子要對丈夫盡心盡力」。每一項都不時在操控著母親，於是媽媽們就產生「要好好教養孩子」、「要遵從先生」的想法。

最近有一派理論主張，由性別所產生出的差異，僅限於生產和哺乳等極小範疇內，如此才不會產生社會角色分工的差異，這點在前面已經說明過。「男女共同參與社會」、「廢除性別」的呼籲，就是對舊社會的性別角色觀提出的異議。但是這個新的價值觀還沒有滲透到每個人心中。如果這樣的社會可以實現的話，就再也不需要這些呼籲了。

有關小孩與大人的階級意識，也許是最後殘留下的高牆。甚至現在，對於管教與教育的爭議，都還沒有得到社會一致的意見，以致混亂叢生。「孩子要尊敬父母、順從父母」是古來的教諭。相對於此，把小孩視為是一個個人尊重的「兒童人權公約」也已經通過。論及這兩個極端價值的話題，正在全日本延燒呢！文部科學省（相當於台灣的教育部）也針對「餘裕」和「學力」的議題，像個風向球似地不斷發表言論。各個領域的專家們也不斷地發表正、反各種意見。

生存在種種價值觀的狹縫之中，媽媽們更是不知該如何「教養」孩子了。目前狀況真的是很混亂。

# 11 媽媽的急救箱

## 急救箱之內

這本書差不多要進入尾聲了。

也許我的書會讓閱讀至此的媽媽們感到不安。因為原本是在自己為「愛」小孩的前提下，而一路用心「教養」小孩，沒想到書裡居然說到會扭曲孩子心靈的「教養過度」。

我不會只是指出問題所在而已，在這裡我想針對「那麼該怎麼做才好」這個疑問，提出一些建言。

然而答案如果只是教養方面的學理，那就沒什麼意思了。

「我明知道理論，但就是不知道該怎麼做才好，好苦惱呀！」

我常常聽到媽媽們這麼說，也很了解她們的煩惱。因此，這個「急救箱」必須是任何人都能馬上取得，並且還要能夠馬上回應為教養孩子所苦的媽媽們心聲。這一節的標題用了「急救箱」，如字面意思所說應該是緊急時立即可用。

但是，「教養行不通」時專用的急救箱，就不是每個家庭都會準備的了。但如果對現在急著找方法的媽媽們，隨便丟個急救箱給她們，是會有危險性的。

回顧我的諮商經驗，如果要真能達到「救急」的目的，那就得從臨床的經驗來找出小撇步了。我可以下個結論，那就是對於目前處於困境，始終找不到好的教養方法的媽媽們，妳們要的解藥「不在一般的急救箱裡面」。

我的講法很奇怪。能救命的用品（藥、忠告）會放在急救箱裡，然而箱子裡卻沒有可應急的……。

在前面章節中，我說過，教養書籍實際上一點用處也沒有。既有的「教養理論」如果沒用，我們不如從反對的意見中去尋找靈感。向反對意見挑戰，也許反而能開拓出一條新路。而這正是「急救箱中無法急救」的意思。

這樣的想法，我稱它為「反論法」，它在諮商中被拿出來使用，也確實有其一定的效果。如果想要矯正孩子的問題，就要打消想要一次解決的念頭，要進而去認清問題，並且允許孩子這麼做。接下來，我要舉幾個實例。

有一個就讀幼稚園的孩子名叫一輝，他一直有尿床的問題。媽媽為了解決這個問題，不僅要他就寢前上廁所，連半夜也會叫他起來再去上一次。然而即使這麼做，到了早上還是一樣尿床。媽媽也因而搞得精神衰弱，漸漸地對孩子越來越嚴厲（當然也對他處予體罰）。

「現在如果不先治好尿床問題，就會覺得這個孩子很丟臉」。

因為爸媽的心裡會這麼想，所以我會要「媽媽們先不要這麼焦慮」，這樣只會讓自己疲累的身心無處可去而已。

## 從「沒關係」開始

對於這樣的媽媽，我通常會建議他們試試下面的反面話語。

「一輝，尿床沒關係，床單濕了媽媽再洗就好，沒關係的！」

一輝的媽媽是個執行力很強的人。在下一次的諮商中，媽媽一再地表示「真是太不可思議了！」那麼「頑固」的尿床，居然被「反話」治好了。

暢銷書《***Children Learn What They Live***》（Dorothy Law Nolte, Ph.D.）（孩子從生

長環境中學習）中提到，「反話」正是最有用的魔法話語了。

為什麼反話能成為解救親子關係的魔法呢？事實上，照一輝媽媽的說法，尿床這件事對一輝造成很大的壓力，而壓力會讓自律神經混亂。尿床並不是孩子自己願意的，然而它卻是心理投射的一個現象。當媽媽表示：「尿床沒關係！」之後緩和了他的緊張，也讓一輝從尿床所引起的惡性循環（習慣）中解脫了。

像這樣的例子，也可以用在幼兒期的各種問題上面。媽媽對一直緊黏在身旁，不肯離開的孩子，從對孩子說「你去那邊」、「不要煩我」，而改換成說「來媽媽這裡」、「要跟好喔」。這樣做就可以緩和孩子擔心媽媽討厭他的不安，而開始對外界產生好奇心，進而慢慢地離開媽媽。對於老是把食物、飲料弄到地上的孩子也是一樣，別說「已經教了好幾次，你還不會啊」、「我不給你吃了」，而要改為「撒在地上沒有關係」、「媽媽小的時候也是這樣的」。吸手指、咬指甲等等行為也是，不要指責他們，而是再表示「你可以這麼做沒關係」；對於不想去上托兒所的小孩也有用，就從「你和媽媽一起待在家裡好了」開始。

所以，應該放進急救箱裡的特效藥之一，就是**「說反話」**。

這是將一直以來否定孩子的話語，換為「這樣做沒關係」。孩子們雖然知道自己有些毛病非改不可，但他們同樣地也正為改不了而煩惱。所以，如果換個方式，他們一定會樂意去嘗試的。那麼，就把問題「暫時束之高閣」不去管它吧。你所在意要改變的事，也許不是現在馬上能改，**反正只要能改好就好了**，不是嗎？

大人們也許會很著急吧！但是就讓孩子度過他們自己的童年，他們會慢慢記住該怎麼做的。如果媽媽們能聽我說，就請把這些事情暫擱一旁，媽媽們的心情也會輕鬆許多。媽媽們的「快樂」，能夠讓孩子一步一步開花結果，媽媽們只要等著收穫就可以了。就當被我騙一下，請妳一定要試試看。

## 父母要原諒自己

因為孩子們的問題都是看得到的，所以母親的痛苦就無法倖免。「這麼做沒關係」這一句話，不只是對孩子說，媽媽也必須這麼對自己說：「我，這麼做就可以了！」即使和孩子的關係不是那麼良好，家事也沒有做得很完美，在家長委員會上或是工作上也沒有做得盡善盡美……。**媽媽們是可以「無條件地」原諒自己的！**無論完成與否都沒有關係的「無條件地」。

「對自己好一點吧！」

常常會聽到類似忠告。我覺得這麼棒的一句話也應該成為魔法話語，但如果誤用了使用方法，反而會造成自己的混亂。那麼「對自己好一點」究竟指的是什麼呢？很多媽媽們都不了解其中的含意。

接下來，我要介紹為家庭問題所苦，幾乎就快被逼到自殺絕境的雅子她的案例。她在「危機」的狀態下，開始了諮商，我給她出一個功課：「做一些對自己好的事情」。然而我一直都還沒有聽到她說「我做到了」，而這也是我一開始就已經預料到了。在諮商過程當中，我沒有打斷雅子的話，不管她說什麼，我都接受它，且很專心地聽她講。事實上，這次的諮商可說是雅子生平第一次最受到他人重視的一個經驗。我給她的功課雖然進行得不是很順利，我們之間的談話也沒有什麼特別正面的話語；但也因為不做任何批判，透過這次讓她感受到被重視的經驗，她實際感受到真正的快樂，深切地體驗被重視。

半年後的某一天，雅子有些不好意思地對我說：「這個……。這一陣子我在家裡打掃的時候，突然覺得很累，於是我就試著躺下來休息。這樣，算是對自己好嗎？」

「當然囉！」我回答。透過和她的談話，我知道在此之前她一直認為「因為先生在工作，做妻子的是不被允許躺下來休息的」。這並不是先生命令她如此，而是從她的幼年時期，就自己學會「獻身」這個規則。

前述麻衣的媽媽也有類似的情況。「當小孩時要順從父母，嫁人時則要順從丈夫」這種舊有思想觀念很強的人，是會把自己內心的欲望全部都壓下來。在接受諮商後不久，她跟丈夫說：「我今天要和朋友一起去吃飯。」這還是她結婚後第一次外出用餐。她總是對自己的情緒視而不見，凡事都以先生為優先，深信這麼做是理所當然的，並且就這麼忠實地遵守著。她的一句「我再也不忍耐了」，對她來說，是為了重視自己的強力宣言。之後，因為這個契機，以前經常離家出走的獨生女（麻衣）也回家了。

我舉出「停下清掃工作，躺下休息」以及「不理會丈夫外出」這兩個例子，這些具體的方法都是在諮商當中，媽媽自己發現「對自己好」的方法。對於其他還不曉得珍愛自己的媽媽們，要自己找出適切的方法，可能會有些困難。

我想，如果有更多人能更具體說說，什麼是「對自己好」，一定會更好。它不是強制性的，最多也不過就像是「舉例來說」或是「選擇題的選項之一」。如果有具體的例子可以遵循的話，也許就能讓許多踩心裡煞車的媽媽們會心動，並進而想去試試看吧。

其實這也是反話。媽媽們雖然想的是小孩的事，實際上是在想自己的事。

## 「教養失敗」是當然的事

媽媽對孩子的問題，可以說「這樣做沒關係」，如果也可以原諒不擅長教養的自己，那麼就能當場放下孩子的問題。**這樣做沒關係的！**剛生下來的小孩什麼都不知道，然而，他們卻擁有「自我學習」的這麼棒的能力。

生物學家認為，與其他的哺乳類相比，人類可說是在早產狀態下誕生的。由壽命來看，人類的胎兒期所占比例，只是其他哺乳類動物的一半而已。像這樣還未成熟，就被暴露在外界，大腦受到豐富的刺激，因而能發展出高度的智能。要從什麼都不知道的狀態開始學，時間與經驗是不可欠缺的兩個條件。

首先，是關於時間這件事。剛開始在沒有接受指導的情況下，孩子可能是沒辦法做得很好。然而，你知道即使教導了孩子，孩子卻老是學不會，這對他來說也是個非常自然的現象嗎？如果稍微指導一下就會了的話，那麼小孩馬上就變成和大人一樣，那麼他們就不需要幼年時期了。明知如此，一旦當孩子可以用「語言」交流時，大人又會以對待大人的方式，提高標準地要求他們「應該馬上會」。這完全是以大人的標準來看待孩子。然而，孩子應該是慢慢成長的……。

接下來是累積經驗這件事。從不會到會的這個過程，就以「單槓引體向上」為例來說明吧！剛開始應該是誰都翻不過去吧，即使練習也沒辦法馬上翻得很好，通常反覆失敗是必經過程。如果在這個階段無法認同他的失敗的話，孩子就會害怕失敗，而失去了試試看的意願。但如果孩子是處於允許失敗的環境下，他就能無所畏懼地不斷去嘗試。一點點小小的進步都能心生喜悅，進而繼續挑戰，最終達到成功。人類幾乎能夠做的事情，都是建立在失敗之上。

自己學會的事情與被教會的事情，這兩者絕對不一樣。通常我們在教育理論上把學習的核心稱為「觀察學習」。也就是說，先觀察周遭的人，從中選取樣本，進而模仿。這麼做會產生試誤學習的體驗。而選取的樣本，最簡單的，就是身邊的家人、朋友，以及電視上看到所出現的人物。所以真的是沒有必要巨細靡遺地教導孩子「去做」這件事。

試著站在母親的觀點來看。在孩子學會某件事之前的**這一段期間**，因為不會是理所當然，所以**教養得好不好都沒有關係**。小孩的失敗，不代表就會降低媽媽的價值。反倒是對失敗得少，從一開始就按照父母期待「被教養得很好的孩子」，才是處於危險狀態這一點，應該要有所認知。

請給孩子多一點失敗的經驗吧！請媽媽也在教養上失敗吧！絕對不要以「好孩子」、「好媽媽」為目標。

## 在諮商中學會「失敗」

當親子一同來諮商，就能直接看見他們的對話，這是很有意思的一件事。在這裡顯現出親子關係的縮影。特別是在開始以及結束的招呼上，除了能推測出教養（控制性）的樣貌，更是一個易於了解其中狀態的時機。

我在大學讓專攻心理學的學生到拒絕上學的孩子家中去做他們朋友。學生們在事後的檢討會中，最常出現的話題就是「打招呼」了！

當學生到達訪視家庭中時，首先媽媽會出來開門，然後把小孩也叫了出來，之後，就開始了「指示」大遊行。從「小〇，快點下來，大姊姊來看你了！」開始，到「咦，你要向客人問好吧？說清楚一點，一點禮貌都不懂！」然後「不好意思，這孩子連打聲招呼都不會……」等到學生要走的時候，「怎麼沒說謝謝？還有再見呢！」雖然我知道，如果沒有大人再旁一一指揮，當大姊姊與小孩成了好朋友，小孩自然就會說出：「好，好，下星期再見！」

大約半年前，我曾參與一個以教養為題的談話節目，節目中，看到了一個很有趣的影片。有三組學齡前的孩子與媽媽。規則是，當孩子們在吃東西的時候，媽媽們只能在旁邊看，並且不能使用「命令、禁止、警告」等的語彙。那麼影片狀況是如何呢？

三個孩子都沒說「開動，我要吃了」！有先從自己喜歡吃的東西開始吃的孩子，也有不曉得該從哪道菜開始吃起的孩子，還有的孩子快把杯子都打翻了，有的座位下方掉滿飯菜，有的嘴巴吃得髒髒黏糊糊的……。

有趣的並不是孩子們的吃相，而是坐在一旁觀望的媽媽們。因為規則的關係，她們不能動口也不能伸手去做什麼。擔心卻又忍耐著的表情顯露無遺。雖然沒有規定「什麼都不能說」，然而在這個時候，媽媽好像只想得到「命令、禁止、警告」的語彙，其他的就不知道該說些什麼了吧！

在這裡最需要的其實就是「失敗」了。小孩在能好好吃飯的這件事上的失敗，而且是媽媽在讓小孩好好吃飯的這件事上的失敗。唯有如此，才能自然、真實地展開有教育性的親子關係，也才能培養孩子的自尊心與自主。

再回到我的諮商話題。對於要孩子打招呼的媽媽，我想要這樣直接地拜託妳們。

我：「下次，請不要再叫小孩打招呼了。」

媽媽：「但，但是……。這樣，對老師很沒禮貌……。」

我：「這樣我也會很高興的。」

媽媽：「是嗎……。好，好吧！」

喜歡命令孩子的習慣雖然不會馬上消失，但經由我這樣的請託，至少還能一點一點地減少。然而即使在讓孩子打招呼這件事上失敗，但在諮商的人際關係上並沒有改變。這麼做，能讓因「教養失敗」而感到不安的情緒和緩下來，如此一來媽媽和小孩都能放輕鬆。

## 把教養丟給爸爸

教養的問題會因為爸爸的不協助、不理解、不關心而變得嚴重。因為教養失敗的原因多會歸咎在媽媽身上，所以就會讓媽媽不得不對孩子做出過多的管教。像這樣，母子連進入到「原來的自我」以及「失敗」的餘裕都沒有，最後只好暴走成激烈的親子關係。

我們在這裡要試一試「相反」。不要因為「不想被丈夫責罵而加重教養」，而是「即使被罵也要光明正大、不為所動地」向丈夫挑戰，就是要他認同擱置管教一事。要向他表示「不管怎樣都好」、「因為我不會了」，「我說，我做不來也不做了，你來做吧！」把所有關於教養的事全部都丟給他。

例如家族聚會時，小小孩把味噌湯打翻了，一定都是媽媽一個人驚慌失措，高分貝罵人，直到收拾完畢吧！丈夫就只是在一旁碎唸，其他什麼事也不做。因此我們就要從這裡搞個大革命試試。媽媽只要抬頭看一眼被打翻的味噌湯，然後繼續吃自己的飯就可以了。而對媽媽的態度感到驚訝的，我想應該會是小孩本人和丈夫。丈夫一定會從在一旁看著媽媽臉色的孩子旁，加強語氣地出聲。

「還在磨磨蹭蹭什麼，快把它弄乾淨！」

這時，妳一定不能灰心。

「不用這麼慌慌張張的吧，天又不會垮下來。」

一面跟自己確認這樣的心情，正面迎向丈夫吧！不要露出試圖讓小孩去做什麼的神色，這裡的奮鬥對象是丈夫。

丈夫：「這樣不是很髒嗎，快收乾淨！」

妻子：「如果你這麼想的話，你就自己做吧！」

丈夫：「我上班很累！」

妻子：「我才是呢！照顧小孩，做家事，還有幼稚園的事，我也一樣累！」

丈夫：「這些事是妻子的職責。」

妻子：「現在還有這樣的想法，你真是老古板耶！」

這樣的論戰也許會持續一段時間吧。不擅長爭辯的人，也許就只能說「我不知道」、「不管怎樣，我就是不要」、「我不喜歡」、「我累了」，不用道理分勝負。因為一般男性都是以邏輯來分勝負，在這裡能成為女性武器的，只剩下「想法和心情」了。

把對孩子的擔心交到丈夫身上吧！把處理小孩的部分事務交託給丈夫吧！藉由媽媽和孩子一起失敗的經歷，能讓丈夫把它放在心上吧！

唯有放棄持續扮演「好媽媽」、「好太太」的心，小孩和自己才能「這樣做沒關係」，進而開懷地笑。

# 12 改變態度獲得「澈悟」

## 認同「一路走來」的自己

雖然一從小路努力，卻還想辦法試圖要「再更加努力」，這種狀態是超乎想像的痛苦。現在社會已有不要對有憂鬱傾向的人說「加油！」的認知；但是，對自己說「加油！」加以鼓勵，卻依然被視為是一種美德。

我必須正顏厲色地推翻那些不了解狀況的人們所描繪的美德。馬上停止在「你一定要～」上投注你的能量，只要認同現在的自己就可以了。認同到目前為止你所做過的每一件事。以養育子女為例，心裡想著「我已經很努力了！」

「很努力」的事可以有無數種，沒有必要去和別人比較。例如小時候的成績很好、得過許多獎狀、在運動比賽中獲得優勝、在學生會中活躍……；長大之後有個好工作、能服務眾人、賺很多錢、人際關係非常好……。然而，這些並不會和人生的「幸福」有直接的關聯。

要再強調的是，無論是什麼樣的「很努力」都可以。自己此生的成長歷史，是無可取代的，是世界上唯一的，因此請你正大光明地承認、接受它吧！

況且，書寫入人體DNA的遺傳資訊以及嬰幼兒期的成長環境很可能會左右一生，而很難單以本人（小孩）的力量去改變它。人們會在被迫接受的這個前提上，逐一累積新的遇見與體驗而成長。然後才能自己把「我要怎麼做我自己」逐步地做選擇與取捨。只不過要了解的是，可塑性也是有限的。人類也是因為界限與種種的可能性而組出無限可能，才會有現在的自己。所以，和別人不一樣是理所當然的事。

我再重述一次。

「我一直以來就是這個樣子，這樣就好！」

請在心裡這麼告訴自己，把這樣的自言自語當作新的習慣。一旦可以讓自己慢慢地認同原來的自己之後，未來自然而然地能夠開展。你應該可以經歷到這樣的奇蹟。

## 「想開」而產生的變化

在心理諮商法當中，有一種叫做「認知療法」。所謂認知是你所認為的事情、感受的事情、知道的事情的總稱。藉由對自己以及他人所產生的認知，會改變人的行為動作，當然，也會影響適應的方式。「認知療法」的基本立場在於，比起所引發現象的客觀事實，更重視人的內在。為了改革自我，必須要試著去挑戰改變認知。可以把獲得科學證明的因果關係「堅信↓行動」，轉用在「改變態度↓變化行動」上。

當我和深感困擾的母親們會面時，剛開始時大多會這麼說：

「這位媽媽，妳真的做得很好！很努力！」

聽到這麼「意想不到的話語」的人，都會從被五花大綁的狀態下掙脫開來，而改站上變化的起始線。相對地，如果我勉勵她們：「繼續加油，妳的努力總有一天會獲得回報的！」那麼煩惱的母親們絕對不會向我靠攏。

「這麼與眾不同的招呼語，好像有人也和我一樣」。沒錯，就是水谷修先生。他就是大家所知道的「夜巡老師」他所寫的《夜回り先生》（夜巡老師）這本書的開頭所寫的這幾句話，讓人非常感動。

「我援交。」

「沒關係！」

「我窩在家裡不出門。」

「沒關係！」

「我割過腕。」

「沒關係！」

這樣的對話還可以不斷地繼續下去。對於這些年輕人的種種「問題告白」，他全部都用「沒關係！」來回答。因為他不會讓孩子回想過去，也不對孩子的過去說些有的沒的，或完全不當回事，只認同現在，然後繼續對話。

「首先，就從今天開始，和水谷老師一起想辦法！」

他絕不會給你建言，最多就是「我們一起做！」這樣的方式帶著你一起做。他那樣的「人生覺悟」之後所提出的呼籲，特別能夠深入人心。

這本書的最後是以下面這段話做為結語。

「無論面對什麼樣的孩子，首先要認同他的過去與現在。此外，我還希望你能好好地誇讚他。告訴他，能走到現在真的很棒！」

和媽媽們有許多接觸的我，特別想快點把這句「能走到現在真的很棒……」，傳達給不擅長育兒的媽媽們。

## 不可以讀親子教養書

如果用「北風和太陽」這個故事來比喻的話，一般親子教養書，就相當於「北風」。相對於此，水谷先生或我則是「太陽」，我們和親子教養書所給的訊息全然不同。「北風」是從期待的正面逼近，催促著你去「做吧」。然而，「做不到」的這個現狀仍然沒有改變。就像「北風」無法讓旅人把外套脫下一樣，從正面去說服母親「好好地做！」母親們卻做不到。因為結果是只會讓媽媽被自己的無力感給打敗。如同最後「北風」承認失敗一樣，社會也應該回頭反省才是。

這就是為什麼我的「急救箱」中有「不可以讀親子教養書」這一項。我覺得最要不得的親子教養書中通常都會寫著「這是〇歲會做的事，要趁現在快點把孩子教會」或是「不趁孩童時期學會它，以後就來不及了」、「教養是父母的責任」這一類的內容。在書店看到這類書籍時，要盡早認清它是不可能實踐的這個現實，所以連翻看都不需要。「這個作者，一定是掌控孩子的人，也許他小時候也是被這麼掌控大的……」像這樣試著去了解作者的內心是不錯的方式。

前面提過的《***Children Learn What They Live***》，我想它和其他的親子教養書相較，應該是弊害比較小的。但是，如果媽媽們不會說書上寫的理想語彙，也許反而會把媽媽們逼至絕境吧！

育兒、教養、教育等的評論家、專家們，他們在現實生活中的親子關係又是如何呢？你知道嗎？他們在書中這麼果斷地書寫並不正確，他們當中有很高的比率是自己的家庭都有問題的。所以他們要活用自己失敗的經驗去幫助別人，這樣多半很合理吧（找理由）。不過到處都有不管自家問題，抱著自己有自己的心理課題來從事「諮商」工作的人，這樣有可能會誤導媽媽們朝錯誤的方向走。而且那樣的人所寫的書，內容誇大、隱蔽、扭曲，散見於各大型連鎖書店，很容易就被媽媽們所看見。這樣的現況令人覺得很可惜。

關於抱著自身親子關係的課題這一點，心理學者或是諮商師也沒有例外。不過諮商師的狀況是臨床，也就是說與前來接受諮商者面對面地不斷對話，並且是以對話的成果來判斷成功或失敗。因此比起「讀」由他們所發出的訊息，我更建議要以「直接接觸」

的方式接收。我也是一名諮商師，寫書這件事，是我想透過文字去和讀者有所連接的一個方式。藉由書的閱讀打動讀者的心的這種「臨床」，是我的目標。

## 與他人的熱心建言保持距離

在我們居住的社區，都會有喜歡管閒事的鄰居，這些人藉由觀察他人因為家庭瑣事而煩惱的樣子，來發現問題，並前來幫忙解決。

「要不要多聽聽孩子說？」、「你都已經長這麼大了，該像個大人的樣子了」……有人會教你要向著孩子的心，用溫柔的語氣勸說。但也會有人建議你用強制的斯巴達方式。「別看輕小孩！再多一點大人的威嚴。一定不要聽孩子的話」、「別太寵孩子，免得他得意忘形」要孩子順服。

即使前者的建言可以理解，但仍稱不上是有助益的。因為無論他怎麼教你，都不是那麼能夠簡單實行。對於這些熱心的建言，你只要回答：「您說的是！」做適當的回應就可以了。「這個人根本什麼都不懂！」要這樣自己在心中默默守住自己的堅持。

至於後者（斯巴達擁護派），他們對孩子的成長有很大的誤解。即使他自己的家裡發生了重大問題，也不會去察覺到。對付斯巴達擁護派的攻擊，就要用「我用我自己的方法在做努力了」的方式打斷他，然後最好和他斷絕朋友的關係。

最近在電視等媒體上也常看到的對教養的建言是單向播放的，因為是在沒有心理準備的情況下，面對突如其來的有分量的訊息，實在是讓人無法接受。

有一個防治虐童的電視廣告名叫「緊緊抱住的對話」的公益廣告。廣告開始是穿著黑色無袖洋裝的媽媽與小女兒面對面站著，不一會兒，媽媽朝著女兒戰戰兢兢地伸手過去……用笨拙的動作把女兒緊緊地抱進懷裡，閉起了眼睛顯露出看來非常「可憐」的表情。廣告末尾，一行字幕出現「雖然是自己的孩子，卻不曉得該如何去愛她。首先，就從緊抱孩子開始吧！」

「不需隻字片語，只要緊緊抱住，就能讓孩子感受到媽媽的愛！讓我們試著做做看吧！」

我想它是想要這麼傳達的。像這種訴諸於心的手法，也許反而會刺痛在無意間拒絕孩子的媽媽們吧！這是我第一次看到這支電視廣告瞬間所產生的感覺。我也從正在虐待的媽媽們那裡直接聽到「太誇張了」、「完全看不懂」。還有「我知道要緊抱孩子，但是，我就是做不到！」我了解企畫這支廣告的人他的意圖，但他們可能沒有想到，橫亙於母親和女兒之間的「羈絆」是如此地深遠與複雜。

厚生勞働省（類似台灣衛生署）也說，「絕不允許虐待兒童」而做了威嚇的海報。這都是在告知周遭的人，也許會發揮一定的抑制作用，但卻無法解救父母親。由這些不了解狀況的人來做廣告，我想，我只能告訴你「那些人不了解」，所以最好和它們保持距離吧！

## 找個能互相發牢騷的朋友

現在的年輕媽媽們，好像一下子心就會被戳破似的，是非常寂寞的人。經常只要身邊沒有人，就會覺得孤獨感來襲。這是因為欠缺自信，所以也就很歡迎來自朋友的建言。而能夠提供建言的友人，也會覺得自己「很有用處」，而開始積極地與媽媽接近，甚至會增強建言的強度。

但是，媽媽們實際要的並不是建言，而是想要和他人有所交流而已。我總是建議憂心教養問題的媽媽們，可以先選擇「互吐苦水」的朋友。但是優秀、品性端正的人，卻不怎麼適合。如果跟這些人來往的話，他們只會跟你義正詞嚴地說教，你如果照著做的話，又很容易發展出上下位階的人際關係，這會使得親子間的控制關係再現。

理想的朋友對象是有點敷衍，不會在意細節，即使妳做得不好，他也會跟妳說「沒關係啦，這樣就好」。話題不需要是積極正向的，無聊、微不足道的都可以。偶爾說說討厭的人的壞話、發發牢騷、談談過去痛苦的體驗，互相沒有批判地自然交談。

這裡有件一定要注意的事。能聊天談心的朋友，一定要保持對等的關係，然後，兩人的關係也不要太過於深入。之所以會這麼說，那是因為任何一方如果太掏心掏肺的話，會影響對現實生活的適應，而陷入了強烈的依附關係，就會有喜歡、憎惡等情緒交錯出現的危險。彼此心靈黑暗面的刺激，會使得憂鬱的狀態更加嚴重，也許還會趨使衝動行為的發生也說不定。

這是我所接觸到過的虐待行為案例。兩位母親因為過度依賴，而導致孩子喪命的事件。她們兩人的共通點是小時候都曾被虐待過。我用A和B來稱呼她們。她們在打工的地方認識，很快地成為好友。A認為「我交了一個真心為我著想的朋友」而感到高興，於是大感放心地什麼都跟對方講。而B對A的回應，慢慢地從建言到指示，最後變成了命令，兩人的對等關係完全崩壞，甚至發展到B控制A心智的關係。對A而言，這個好朋友的意見是絕對的，對於其他人的聲音則是完全不聽。

就這樣，A接受了B的「妳兒子的行為有重大問題，要治好他，只有把他綁起來」的具體指示。於是A把兒子（小學高年級生）的衣服剝光，綁在自家二樓的陽台上。第三天早上，兒子就身亡了。

這也許是一個特殊的例子，但這個社會到處都潛藏著一步走錯，就會危及性命的危險人際關係。最近頻頻發生的是媽媽有了外遇，並且過度地依賴對方。她和對方保持一定理性關係的話還可以接受，但如果不是這樣狀況的話，就會藉此產生依附關係，去滿足自己「想控制人」的需求，於是這種「共依附」的不健全關係就會成立。表面上「控制的人——被控制的人」的這種關係，雙方的心會因為對方的存在而被填滿，連日常生活都會變成次要的。被控制的人為了要維持這種關係，無法改善煩惱、問題；而控制人的人對控制他人的事注入莫大的能量，沒有終止的一天。許多男女之間的「愛恨情仇」就是屬於這種悲慘結局的類型。

在坎城影展中獲得最佳男演員獎的柳樂優彌，所主演的一部《誰も知らない》（無人知曉的夏日清晨，是枝裕和導演），那是依據真實故事改編的電影。父親留下四個孩子，為了追求新男性離家的母親，成了討好男人的俘虜。

當然，母親也很容易成為扮演支持別的男人的角色。

## 對丈夫死心──夫妻吵架的影響

不只是因為孩子，為丈夫的事而煩惱的母親也有很多吧！母親一再地忍耐，這是日本自古以來的常俗，今昔不變的是，許多家庭仍然會發生夫妻爭吵。這是非常麻煩的事。衝突結束後會有短暫的冷靜，但之後又會再度發生，這種情況會不斷地重複……。日本有句俗諺「兩口子吵架，連狗都不理」，就是指夫妻吵架一點意義也沒有。這樣的情感表現也含有「無法預防」的放棄心理。

你發現了嗎？其實會發生吵架都是因為，對對方懷有「希望你這麼做」的期待。如果對丈夫完全沒有期待，丈夫的存在就會像擺放在一旁的大岩石。通行時雖造成了阻礙，但只要換個方向從旁邊遶過去就可以。或是你也可以把它搬到旁邊，敲碎它、磨圓它，總之，你會想辦法改變它。

而對毫無辦法的丈夫，就不做無謂的努力嗎？沒錯，對不值得期待的丈夫會採取放棄的方式。因為沒有期待，所以就不會產生背叛與挫折。只有這樣，也許才會有快樂。

前面提過，「丈夫的理解是支持妻子的力量」，這也是事實。但是現實是嚴苛的，不懂妻子心情的男性實在太多了（即使他會對旁人好）。在這種情形下，就要捨棄「希望丈夫能理解我」的心情，同時，也最好盡快放棄為丈夫費心勞神的態度。

夫妻吵架也許出發點是要努力解決家庭問題，但如果發現最終是徒勞無功，那還是要趁早放棄。因為那會給孩子的心，帶來常人所難以想像的不良影響。家庭暴力不是只有身體上的，心理上的（言語）也會很嚴重。當然，要夫妻和解也不是不可能，但可能就需要透過專業的協助了。

宅間守死刑犯（犯下殺害大阪池田小學八名孩童的刑案）曾說過想到「小時候的父母親」，浮現的是夫妻吵架的種種。母親總被父親挖苦，而且常被毆打，以致滿身是血。因為他無法阻止那一切，所以總想著「如果能快點離婚就好」。在他奪走幾條寶貴生命的背後，都說明了孩童生活在夫妻爭吵（犧牲忍耐的母親）的環境下，其問題是不能輕忽的。

## 父母的離婚與女兒的罪惡感

一般的日本人似乎都堅信夫妻「最好不要離婚」。我卻覺得這是不負責任的發言。

因為我實在經歷過太多的各種「偽裝」了。

綾子的自殺是在中學二年級學期結束、春假的時候。她幾個月前寫給母親的信中是這樣說的。

媽媽，對不起。我，給媽媽添麻煩，讓媽媽擔心。今後我們也一起努力吧！請多多指教。

但是，在她死亡之後，發現同一時間所寫的日記內容卻是如此。

最討厭這樣的我了！但是，我再活一下下可以嗎？再一下下的話……。

綾子在信中寫出對母親的擔心，而在內心又對自己的存在有很嚴重的詛咒。探究其最主要的原因，是她從幼年時期起，就看著父母反覆圍繞著離婚一事而引來的爭執。每次激烈爭吵過後一定會把離婚這件事搬出來說，但母親都因為「我有孩子，我要忍耐」，而哭著睡去。

綾子在小學的時候，偶爾也會跟媽媽說：

「因為我，所以媽媽不能離婚，如果我不在了，媽媽就可以快樂了！」

綾子認為媽媽的痛苦都是自己所帶來的，而且是這麼地深信不移。像她這麼想，並選擇自殺的少女，我知道其他還有好幾個案例。幼年時期的女兒，經常都是會體貼地為著媽媽想著的。

# 13 對孩子過度關心與不關心

## 最後的高牆……該放下什麼才好？

接下來，我要談談放進我特製的「急救箱」裡，可以立即見效、最好的東西。不過能使用它的人是有限制的，不是那麼簡單就能交到使用者的手上。如果因為如果使用者不是一個能夠跨越高欄的人，那麼無論花多少氣力，也沒有辦法發揮作用。

但是，如果我這麼寫——「只要能使用它，就會發生奇蹟」，並沒有言過其實。因為它實在是一個可以成為解救現代孩子的「魔法棒」。為了慎重起見，我要事先聲明，這裡指的孩子是設定在「幼兒到小學生」的年齡層。

而放下的事情——

是指「念書」一事。

好好地念書獲得好成績；戰勝不拿手的科目；不會忘記寫作業；只要有玩樂的時間

就上補習班或學才藝。這些和學習有關的所有事，要孩子去做的，全部都要放下。

如果媽媽和孩子之間有學習方面的「約定事項」，就已經全部「出局」了！

在這裡我好像又再重複寫些毫無道理的東西了。可能也會因而引來家長斥責「你那麼無關緊要的態度，小孩的將來你負責得了嗎」？我並非要「以眼還眼」地反駁，相對地，從輔導的立場來看，我必須加強語氣地說，請容我寫下以下的內容（不管是前或後都只有這麼一次，所以請多多包涵）。

我一直都和被你們這些大人逼著讀書、被迫奪去幼年重要時間的人們一直有所接觸。而這當中，有人在生死之間徬徨，也有人曾經傷得很深。我所從事的這份工作不論是對那個人（曾經是孩子），或是對我而言，可以說都是個被迫接受的大苦難。其中一個原因是，確實有被強迫念書這個事實。但當時的你，恐怕是不自知的吧！我也知道你們是為了孩子著想才這麼做的，因此我並不打算對你們做任何的譴責。然而事到如今，卻跑來對我說「請幫幫我」，未免太會打如意算盤了吧……。我實在不得不這麼想。

那麼，現在媽媽的心中，一定對「放下學習」這件事充滿疑問吧！那種「不用功念書」的焦慮，對媽媽來說是一種誘惑。如果媽媽對與誘惑的奮鬥感到躊躇不安，那麼，請再一次從頭開始讀這本書。因為對念書一事之所以如此執著，那根源在於媽媽的幼兒時期。我希望你能回想看看！

沒錯！孩子念書一事，並不是不想念書孩子的問題，**而是想要讓孩子做這件事的家長方面的問題**，是由此而生的讓親子關係扭曲的問題。

聽我這麼說之後，如果妳仍然深信「要趁早逼孩子讀書，這會對將來有幫助」，打算要選擇「安全道路」的人，那麼就請試著讓孩子繼續這麼做吧！不要半途而廢，要有所覺悟地逼孩子去做吧！我們遲早要迎接人生的最後階段，到時再來互相評價各自的結果吧！

所謂的「放下」，絕對不是放棄、拋下不管，實際上「放下」是「覺悟」。是深入探究事物的本質之後所達到的境界。

## 孩子會自己想要學習

周遭總是充斥催促讓孩子學習的聲音。那麼，或許要**趁孩子還小時，積極地做好**

**「不要讓」孩子學習會比較好的**。因為，總是有孩子小時候必需要做的事。

那麼，如果是孩子自己說「想學習」的話，又該怎麼辦呢？

在這裡，你必需要先確定這是不是孩子真正的意願？換句話說要釐清這是不是出自於他的自主判斷。孩子的主體性會表現在想要滿足對知識的好奇心的行為上。因此，他會專注在感興趣的事物上，而表現出對其他事物不感興趣的態度。而且他感興趣的事物常媽媽的期待有落差。

讚美雖然可以激出孩子的動力，但終究只是「製造出來的動力」。這種被逼迫出的動力，孩子自己並不會察覺到。或許只是「因為不想被媽媽討厭」，而做出相對的回應也說不定。所以當孩子表示「想要學習」這樣積極向上的表現時，其實不用太高興。

小小孩的主體性會從尋求與「母親」的互動開始的。例如像「媽媽，幫我○○」那樣。但並不是對於所有的要求都應該要有所回應，還是要謹慎、保留一點比較好。在心有餘力之時，媽媽做出相對的回應就可以了。這樣可以避免當下勉強地答應孩子，之後又因某些因素而斷然地拒絕他，避免做出這種態度極端變化的行為，是最重要的。

舉例來說，小學低年級的「國語」作業，會要求孩子念書給家人聽，並要家長簽名確認。這時請媽媽不要催促地追問：「今天的作業做完了嗎？」而是要當孩子提出。

「媽媽請聽我念」的要求之後，並在妳有空時才告訴孩子：「現在可以喔！」只要這樣做就足夠了。即使沒有時間確認作業，也沒有關係，對於老師的反應不必過於在意。

不幸地，如果孩子的老師是「強迫念書型」的話，就會常常對孩子施加壓力。這種「不得不做」的強迫源會形成為壓力，所以一定要在家中幫孩子做心理建設。請對孩子說「沒有全部做完也不用太在意喔！」這樣的話語。這樣做的話，孩子較能自己做判斷，總有一天他會成長為在該做的時候做該做的事那樣的人的。

上補習班或學才藝也是一樣。當孩子說「想試一試」的時候，可以有「那麼就讓他試試看也很好」的想法；如果孩子說「我不想學了」，也可以有「那就不要勉強了」的態度。藉由給予孩子自己判斷的餘裕，能培養他自律的能力。這是為什麼呢？因為自我判斷的錯誤，是會在之後降臨在他自己身上的。

關於讀書學習這件事，母親只不過是個追隨者，主導者是孩子。「為了孩子的將來」或是「擔心不趁孩子腦筋靈活的時候加以鍛練的話」，這些都是大人把「養育小孩」和「大人要教導」兩事相混淆的過錯。正因為要趁著孩子腦筋靈活的時候，才需要多多接觸課業之外的其它種種經驗。

在學期末學校都會發「成績單」。舉一些我自己的例子來說，看到不怎麼理想的成績時，我會對孩子說：「不要太在意，因為爸爸知道你的許多優點喔！」這是我確實在做的事。如今這個孩子也已經要進入青春期了。而「不要要求孩子用功念書」這個方法的正確性已逐步獲得驗證。

對不愛念書的孩子，不管你唸他多少次「快去念書」，也都只是白費力氣而已。反倒是現在遵照你的話乖乖去做的孩子，會在他的心理形成「陰影」的時代（少年暴力事件和割腕自殺等等，說的正是這件事）。

所以，家中有小學低年級不愛念書小孩的媽媽們，你們反而可以安心呢！

## 放任背後的心理

另一方面，也有一種是看起來對孩子完全漠不關心的母親。我並不確切知道，相當於虐待的「忽略」（neglect）型父母親，是否逐年在增加。不過在這裡我想從兩個面向來談「對孩子漠不關心的父母」這一部分。

第一、以前的父母親因為沒有充裕的時間，所以對孩子採取放任式的教育。第二、看起來積極地拒絕孩子的這種父母，其實，他們並非從一開始就是如此。

針對第一點，活了半世紀的人們應該都有所認知吧！在當時多子的時代，生活比較困苦，父母親根本沒有時間去關心子女。在這種情況之下，反而提供給孩子一個比較像孩子成長應有的生活環境。容許各個不同個性的孩子們，可以依著自己的個性成長。

而社會一般誤解較大的是第二個問題。像這樣的母親們，容易被視為是本來就對孩子不關心的人。

舉一件和我有間接關係的事件。因為父母親的「忽略」，而造成學齡前女兒死亡的不幸事件。年輕的父母因孩子漸漸斷奶，開始到處亂跑，而對她做了過多的「管教」。不是罵她「吃都不會吃」，就是要她「不准去」，並動手打她……等等。事實上在這個時期，如果能不去加以管教那就好了。即使飯還不能吃得乾淨，即使會亂碰家裡的東西，只要孩子不會有危險性，是不需要去禁止的。

然而遺憾的是，父母親都過早期待孩子能夠快快成為「像樣的人」，於是對孩子加以嚴厲地斥責。這樣的管教會使得孩子變得膽怯、害怕，對親子間信賴關係的建立造成阻礙，最後反而誘發出「問題行為」的產生。而父母為了要矯正已經發生的問題行為，於是更加激烈地體罰，漸漸地孩子的行為也越來越變得怪異……。然後，父母親深感挫折，覺得「這個孩子不行了！」他們把孩子丟在狹窄的櫥櫃裡（放棄教養），長達數月，孩子因此被活活地餓死。剛開始，父母親興致勃勃地想要依照自己的理想好好地栽培孩子而強勢管教他，但是當這個理想藍圖出現破綻時，卻走向完全放棄的極端態度。

當媽媽的心全都放在孩子的身上，而孩子沒有如媽媽所願地表現時，一部分的媽媽們會不是朝著「過度干涉」就是朝著「放任」這兩極端發展。這和我在前面所說的「在街上看到的放任父母親」是一樣的。孩子惡作劇、吵鬧，打擾到別人時，母親也不加以關注，一副「不關我事」、擺明堅絕不管的態度。然而這樣的母親並非從不訓示孩子（不想要管教）的母親，實際上他們正在兩極端的擺動。一邊是，一旦生氣發怒就會脾氣失控地對孩子打罵；另一邊是，一旦認定孩子已改變不了，就會放棄孩子的一切。而這完全是因為找不到適當調整的方法。

媽媽們在放任的背後，其實對孩子的成長有著非常焦急的期待。像這樣的母親，大部分在自己的孩童時代就欠缺與母親有心靈上的交流。媽媽和孩子都失敗過無數次，如果他們無法慢慢來、慢慢地成長，是無法體驗養育的好。而這個「無法體驗」，我是完全能夠瞭解的。

## 把不關心與「沒關係」相連一起

對孩子過度關心與不關心是兩極端。在不知如何拿捏的狀況下，能放下其中一個或許會比較好。因為「追兩兔者不得一兔」（想要同時做兩件事的話，那麼沒有一件事會成功）。當然，在現在這個時代，應該割捨的是過度關心的部分。

實際上，不關心是可以連結到接納上的。因為孩子本身已具備主動學習的能力，所以下定決心相信他吧！當孩子遭遇失敗，媽媽要努力的，不是幫他不再重覆相同的錯誤，而是要忍住並靜觀其變。能勉強自己忍耐是很累人的。如果能說出「那件事別在意啦」、「反正再怎麼想也答不出來」，能這樣不在乎的話反而比較輕鬆。如果能這樣，孩子應該也會和妳一樣感到輕鬆。

孩子會自己察覺到自己的失敗，而……在這「輕鬆」的氣氛當中，更能夠發揮出他的學習能力。而且，孩子感受到媽媽不在意自己的失敗。這是等同於將「失敗也沒關係」這樣的訊息傳達給孩子。

我在電視上看過京都大學靈長類研究所（愛知縣犬山市）進行與黑猩猩學習相關的

實驗節目。印象特別深刻的是，小黑猩猩學會「製作方法」的過程。

實驗中有一個用壓克力玻璃圍起來的飼養小屋，整個屋子都開有小洞，洞的外側掛有可以放蜜蜂的容器。黑猩猩前輩們把繩子插進洞裡，前端沾到了蜂蜜，再將繩子抽出來舔著吃。小黑猩猩們看著前輩們這麼做，立刻開始模仿了起來。當然，牠們不是因為被指示「要這樣做」才開始做的。小黑猩猩手裡拾起掉落的繩子，試著想要插進洞裡，但剛開始的時候，繩子前端一直無法朝下。經過無數次的嘗試，始終無法沾到蜂蜜，最後小黑猩猩拋下繩子而去，生氣地躺了下來。

然而，過了不久，又開始對其他黑猩猩們所做的事感到好奇，於是又把繩子握在手裡，再一次挑戰，再次失敗……。即使如此，在這反覆的嘗試中，也終於讓牠得手，小黑猩猩們學會了沾蜂蜜的訣竅。

這裡我想要強調的是，即使是失敗，也沒有任何的黑猩猩會給予幫助，換句話說，牠們就是置之不理。當然，相對地也就沒有給予所謂的懲罰。正因為不干涉牠的失敗，所以小黑猩猩能夠接受失敗，也取得了靠自己的力量成功的經驗。

如果能像這樣讓孩子接受「沒關係」的訊息，孩子就能主動且積極地去學習。而同樣的放任，為了不至於變為「輕視」，媽媽可以試著在心裡默唸「失敗也沒關係喔」。

當然，只在有空的時候這麼做就可以了。這跟媽媽「什麼都不做」的行為雖然相同，然而對孩子來說，所傳達出的卻是完全不同的訊息。將「不關心」的態度轉換為「接納」這種高招的教養是有可能實現的。

## 教養偷懶才能恢復平衡

到目前為止，雖然我寫的都是對父性功能大抵否定的內容，但絕不是指不需要父性。重要的是母性與父性要維持「平衡」。受這兩性之惠，孩子才能溫柔、堅強地成長。然而在現今少子化時代，對孩子教育熱心的媽媽，破壞了這個平衡，在不知不覺當中，導致了過多的父性。因此，為了補強母性，我要在此大聲疾呼「不要管教」，以及放棄父性。

所謂的「不要管教」，**是為了要創造出能認同孩子現狀的母性環境**。孩子就是要過一個是孩子、像孩子的生活。那麼就該支持他慢慢地長大成人。如果要努力去做什麼事才能獲得評價的話，會讓孩子無法接納原原本本的自己。所謂「原原本本的自己」，也必須「包含不好的部分」，而這需要透過人際的往來才有可能開始成形。

母性是形成人格的基礎，在心理學當中往往以「基本的信賴」來稱呼。要是這個基礎薄弱的話，是無法跟上其後要發展的課題。心理學的理論已經證實，那是關係著人的一輩子那樣的重要。

在討論母性與父性平衡之後，如果沒辦法克服「想要管教孩子」欲望的人，最好是不要再讀下去！雖然你好不容易閱讀到這裡，但那在不知不覺當中所出現的野心，還是有可能讓你再回到原點的。

在縫紉上有「粗縫」一詞，我非常喜歡這個詞。它指出了教養的本質，是個非常棒的說法。「粗縫」是指在縫紉時，不把布縫牢，讓它動彈不得；而是要讓它保有彈性，功能只是稍微固定。在粗縫的布與布之間，在一定的範圍內是可以自由活動的，之後要再修改也很容易。請試著把它套在對孩子的教養上，「適度和緩地教養＝粗縫」。

然而不管多麼和緩的粗縫，之後它可以活動的範圍都是有限的。這個界限就相當於父性，在界限內允許自由活動；而它的另一層意思，則表示母性的功能非常大。以前的孩子多半沒有受到父母的五花大綁，到處都有縫隙、有空間，就像布被粗縫般地被養大。即使有所謂的像雷公一樣令人害怕的父親，孩子也只是偶爾被雷打到，而不是完全被綁住。

但是現在的狀況想來令人感到悲傷，只要父母稍微不小心，就在「粗縫」上使了過多的力道。於是，從教養開始就成了「細縫」。因此，乾脆連「縫」的動作都不要做，可能更適當。我覺得唯有下定決心放下教養，才能恢復父性與母性的平衡。

之所以把很早以前的教養論搬出來說，那是因為以前和現在孩子所處的環境有太大的不同了。

## 教養雙親的腦

現在是一個即使以「適度」教養為目標，也會馬上變得「過度」的時代。我們的大腦究竟發生了什麼事了？在科學上的解讀是，心理是大腦運作的結果。所以在思考教養過度的問題，參照大腦研究理論是比較有意義的。

近年來，科學家以所謂「影像診斷」的方法證實了大腦與心理的關聯。例如有PET（Positron Emission Tomography，正子斷層造影）的裝置，就是研究腦的各個區位如何地運作，並以圖像呈現出來。

與人的理性控制有關且特別受矚目的，是所謂的大腦前額葉皮質的部位。這是位在額頭中間（前額葉），眼睛正上方的腦細胞。相對於此，本能和衝動，則屬大腦的頭蓋骨的中央部分掌管。前者是人類進化過程發達的「新腦」，這裡具有充足的機能，可控制「舊腦」的單純反應。像看恐怖電影，做出「這是電影」的判斷的，是新腦；並且能平息舊腦的恐怖反應，告知「這不是真的」。巴斯卡（**Blaise Pascal**，法國思想家）說「人是會思考的蘆葦」，是以這個新腦，來為「人類下定義」。

然而，人類的「新腦」和「舊腦」間的關係，如今似乎產生了變異。從PET來看，新腦幾乎沒有任何的活動，而相當於舊腦的部分，則顯示還在掌控著人類。觀察虐待犯或犯罪加害者的腦，這樣的傾向特別地顯著。這個時候，人類暫時就不是「會思考的蘆葦」了。

情緒性地單向教養孩子時的母親，她們的腦也呈現類似的狀態。即使她們有「為了孩子好」的想法，卻不是新腦判斷的結果，只不過是依照著舊腦的指令，在衝動行事後的辯解而已。「知道卻做不到」的苦惱，或許是新腦察覺自己被舊腦凌駕所呈現的狀態吧！在這本書最前面所提到的，好孩子突然暴怒，造成凶殘事件的瞬間，我想他的大腦裡也發生同樣的現象吧！

為什麼會發生這樣的異常現象呢？根據美國的研究，最有力的原因是來自於幼年時期受到的強力的、慢性的壓力所致。舉例來說，被罵、被打的時候，孩子的腦會進入「警戒狀態」。在這個狀態下，腦會放棄冷靜判斷的機能，瞬間讓防衛、攻擊、逃走等所謂舊腦的功能占優勢（動物性的反應）。同時所釋放出的腦內荷爾蒙，已獲得證實會破壞前額葉或海馬（記憶出入的相關部位）細胞。

即使不處於感覺有威脅的狀態下，卻不斷地被叨唸著「去念書」、「去收拾」、「去做」的話，這對孩子來說，也會形成像一種壓力。這樣不停地被念，可能也會致使「新腦」的功能有受到損傷的疑慮。而在這樣狀態下成長的孩子，可以想見當他們成為父母時，大腦已經是容易暴走的大腦。

只要想到孩子也會成為父母，我想還是應該讓孩子自由地成長才是。

# 14 疼愛心中的「孩子」

## 「好希望爸媽了解我！」

終於要進入最後一個章節了。在這本書的後半段，我準備了所謂的「急救箱」，放進了幾個相當新奇，卻可以給教養子女的母親們站穩腳步的提案。

那麼，在最後，我要進一步地寫出幾個比「急救箱」更接近根本的「療癒」提案。只做「稍微的觸及」，因為讓媽媽一個人面對人生全盤的修正，這未免太危險了。然而不管有多麼地危險，若因為孩子無法照自己所期望的教養而感到不安、為無法消除對孩子的厭惡感而苦惱的媽媽，這確實是一條無法避開的道路……。

在前面已經談論過，媽媽受到自己在幼兒期的「疙瘩」所掌控，而對自己的孩子投注過多的能量。心結在日常生活中彷彿會阻礙著努力般，一步一步地發揮著它的破壞力。為了讓媽媽和孩子能愉快地相處，這樣的疙瘩即使只有一點點也都必須消除。我著作這本書的目標是，要提供「一般人們可以實踐的範圍內」的建議。

請再一次確認心裡疙瘩的本質。那從幼兒時期就開始忍耐，不被任何人所接受，只能驅趕至心底深處的無數「想法」。把它打開讓它昇華，就像打開潘朵拉的盒子一般，是一項艱鉅的任務。

要不要試著面對呢？當人想要面對時，那阻擋在前的高牆是，不承認疙瘩存在的煞車器。專有名詞稱之為「否認」，就是在做無意識的抵抗。

在那個可以活得像個孩子的半世紀前，每個人的疙瘩都是小小的。在那個時代成長的女性們，也是被迫要邊否定內心的心聲，邊辛苦地活著，於是最後只好演變成將那過剩的能量釋放給了孩子的狀態。

從少子化初期的一九七〇年代誕生的媽媽們的年代開始，孩子們就被迫戴著「面具」成長。而那些長大成人的媽媽們現在正在養育自己的孩子。她們心底懷抱著伴隨成長經驗而來的「疙瘩」養育孩子……。

有大疙瘩的媽媽們，已全然習慣自我犧牲以及有自虐傾向。她們視自古以來人際關係中的階級為正常，也深為不能有所覺察的禁忌感到困惑。這些媽媽們正冀望有人能了解她們隱藏在內心深處數十年來的想法。

請高聲吶喊出來吧！「我想要更被了解！在那個時候，在這個時候……現在也是！」

「我以為不能這麼想。我以為那是應該的！但是，不對，我不想再忍耐了！」請正大光明、堂堂正正地在心裡這麼大喊吧！

正為不擅長育兒而感到苦惱的媽媽們心中，都有一個正在悲嘆、極度憤怒的小小孩住在那裡。要了解閉緊著嘴等待，是不會有人過來幫忙的。她必須自己意識到「他」的存在，也一定要自己溫暖地跟「他」說話。心中的孩子，也就是「內在小孩」（inner child），是惹人憐愛的、重要的、真實的一顆心。但是，同時這也是妨礙媽媽們育兒的罪魁禍首。這個幼稚的心會把大人的理性思考拒絕在外。所以，請將說不通的道理從此束之高閣吧，溫柔地傾聽內在小孩訴說！

## 每天十五分鐘，「小孩」活過來

我要說得具體一些。

在前章解說過「舊腦」暴走的現象。為了不致變成那樣的結果，我們必須要用框架來加以制約。

剛開始，媽媽為了要與內在小孩接觸，必須設定一個物理性的框架。而為了不致無法適應現實的生活，與內在小孩對話的時間和場所是很重要的。首先要找到一個不會被任何人打擾的場所與時間帶，及對話時間的長短。「晚上睡覺前，坐在床上十五分鐘」這是我最推薦的方式。能一人獨處的白天也可以。也許你可以在枕頭邊放個擦淚的毛巾，以及捏壞也沒關係的布偶。

當這些都準備好，我們就可以開始了！去找尋散落在心靈各個角落的兒時心情，找出跟著那些想法一起的「不安」的感覺，這聽來很簡單，但有訣竅。千萬不要試圖讓思考去做「判斷」，只要隨意回想少女時代發生的事情就好，要意猶未盡地花個一點點時間就可以了。一旦能觸及以前對家裡的某個人所懷抱的憤恨或悲傷中的「討厭的感覺」、「依戀」，就表示妳做對了。此時，一旦擔心父母辛苦的情緒出現，那麼內心孩子的心聲就會被壓過，就前功盡棄了。那些不被接納的孩子的心情，大多是違反社會美德的想法。

與內在小孩對話的時間一到十五分鐘就停止，然後直接睡覺，或是回到平常的生活軌道。要記住，不停止而繼續進行過去的心靈之旅是禁忌。為了不要超時，可以準備一個鬧鐘，事先設定好時間。鬧鐘一響，一定要馬上停止。這個心靈作業是否會踏進危險的區域，可依能否平順地回復到日常生活來做判斷。這「重要的十五分鐘」以外的場合，就回到現在，回到戴著面具的自己。藉著這樣的方式，一面可以適應現在的環境，又可以進行改變自我的工作。

以前，和我有過接觸的某個小學生的媽媽，她的內在小孩曾經暴走過。那個想法常會任意地出現在日常生活中，使得她的身體無法動，甚至不省人事。

做孩童時代的心靈之旅，有時候就會有「引導的他者」的影像出現腦海。如果是個比自己年長的男性，有很高的智慧；而且還是個充滿母性的人的話，那就太幸運了。榮格心理學稱這種象徵為「老賢者」，被視為是把我們導向自我實現的重要存在。

那個「導引的存在」，和現實中正在接受諮商的諮商師重疊出現的狀況也不少。這麼說來，其實在我所教導的學員中，也有人對我說「老師是有乳房的爸爸，常在我心中出現」。對她而言，我是和現實不一樣的理想父親（領導的角色）、母親（接受的角色），能讓她的內在小孩打起精神。

## 談話的美好

想像「孩童心」這件事，可藉由和某人對話，更加提高治療的效果。不過，光是想像，「新腦」是不太會起作用的。但是如果能把它換為語言的話，就輪到「新腦」出場了。

為了讓育兒不致於暴走，大腦的整體功能是很重要的。我們需要把過去體驗過的事，當時心中的情緒，以及有關引起這些事因的正確知識，通通統合為一個連貫的記憶。在這裡，我們運用語言作為統合的媒介。因為當人一面回憶、一面思考說話的時候，整個腦子就會活化起來。關於這一點已經獲得證實。

請看下一頁的ＰＥＴ圖。圖中圈出的部分血流量多，表示大腦活動很活潑。①是「正在看書的時候」、②是「正在聽人說話的時候」、③是「不經大腦思考而說話的時候」、④是「一邊思考一邊說話的時候」。從這張圖中我們可以情楚地知道④的狀態下，大腦的作用範圍是最廣的。

想像體驗並不這樣就結束，而是一面回想當時的感覺，然後用自己的話語來解釋，說給別人聽。這樣除了可以恢復腦機能的平衡外，也可以是一種訓練。要恢復幼兒期受

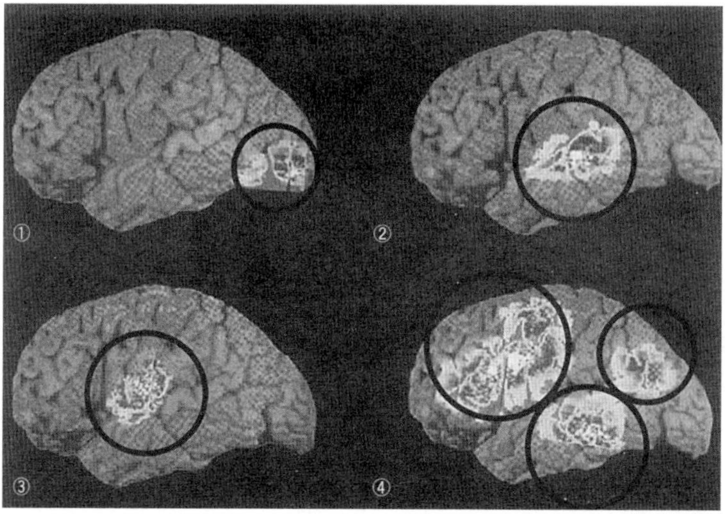


Science Photo Library／PPS通信社

到的腦傷害，也應該是有可能的。

諮商師的工作是不妨礙患者說話，並傾聽，幫助患者察覺自我。諮商的基本雖然是「傾聽」，但傾聽到底有多重要，你可以理解吧？如果在說話的當中被批評，或馬上給與建議的話，那麼對方就無法繼續體驗「邊想邊說」的經驗了。

提到諮商，我想目前暫時還是無法消除它在大多數人們心中高門檻的感覺，而要改變現在這個不正確的觀念，就需要靠「使用者」的媽媽們來改變。諮商師只是個跳板而已。可以選擇諮商師、評價諮商內容的是媽媽。如果妳覺得和諮商師性情不合，或是收費過高，只要有疑慮，作為使用者的妳是可以更換諮商師的。直到妳找到感覺對了的人，覺得「這個人值得信賴」為止，否則妳是可以繼續進行尋找諮商師的。諮商師與醫生不同，他不是幫妳治病的人。

事實上，也有「疑似諮商師」的冒牌貨。所以，諮商師有使用強制的手法嗎？有要求不合理的金額嗎？有說一些缺乏科學根據的話語嗎？有使用誇大的宣傳手法嗎？媽媽們甚至可以去調查諮商師的經歷（曾經接受過什麼樣的訓練）。事前做這些功課後，再去尋找能夠貼近媽媽心靈之旅的專家吧！最近有一位從事心理治療大學教授被逮捕，其實這個人從一開始，他的專業性就有問題了。

## 遲來的叛逆期

想起幾乎遺忘的孩童時期不好回憶，並且去面對它時，會升高對這難堪的罪魁禍首的否定情緒。而這情緒當中最甚的就是「憤怒」了。經常有的狀況是，一直以來對雙親都很順從的媽媽，會突然出現突然說出憤恨不平話語。

絕對不要認為這是不好的現象。因為有時也有無法將孩童時代的心結變小，然後可以避開它（這是前面講過的第三次叛逆期）的時候。

大約十年前掀起了「成年兒童」（adult child）的風潮。大人感到活著很痛苦的原因不在「現在」，而在「過去＝成長」，是「成年兒童」的基本理念。我認為，從那裡衍生出痛苦的責任不在本人，而在負責養育的雙親。因為認真討論起來，這會變成追究責任的事，所以「成年兒童」受到支持與反對兩派的熱烈討論。反對者認為「無論過去如何，已經長大成人了，就應該要用自己的力量去克服過去」。的確，是有些部分可以用努力去克服的……。

然而，我從諮商師的立場來看，也從心理學家（科學家）的角度來看，都認為這個責任轉嫁有其正當性，而且我建議要好好地加以利用。作為一個諮商師，我想提出我接觸到許多藉由「我沒有不好」的實際感受，而變得快樂的人。想要認同自己，從自責的緊箍咒中解放出來是很重要的。在另一方面，我也想舉出最近的研究結果。科學家認為幼兒期所受的創傷會留在大腦中，即使成長之後仍會產生深遠的影響。

這裡的問題不是要去喚起以前對父母的憤怒，而是在於該如何去處理那個情緒。所謂處理，並不是去抑制它，而是讓情緒就在心中激烈地燃燒，即使不以行動表露於外也沒有關係。即使只是在心中燃燒情緒，也能耗廢掉疙瘩在心中的能量。

還有一個處理方法，就是直接付諸行動，把情緒發洩在那個對象身上。所以正在教養孩子的母親，可對著已經做外婆的媽媽提出「抗議」。

事實上，這樣的現象，現在已在全日本發生。向媽媽提出諸如：「小時候那件事真實的情況是這樣」、「為什麼那時要這樣對我」的提出抗議。因為一直溫馴聽話的女兒突然大大地改變，被頂撞的媽媽也因此而感到驚惶失措。以前一直深信是「為了女兒好」的事情，現在全盤被否定了。母親雖然會感到混亂，將情緒發洩出來的女兒（媽媽）對母親的「感覺遲鈍」，有了重新的認識而感到焦躁，以至到了無法收拾的地步。

我認為即使會變成這樣也沒有關係。母親與女兒差了一個世代，正在努力處理青春期的叛逆期。而年輕媽媽的心結本來就有應該歸還的對象，藉由這麼做，可以讓年輕媽媽對小孩投注的能量平穩下來。那麼，接下來就以不要把「帳單」留給孩子做為妳的目標吧！但是，這個衝突如果會危害到生命的話，就一定要請「通達事理的第三者」（這方面的專家）來介入。

## 享受「觀察媽媽」

我因為工作關係，目光總會自然落在街上與我擦肩而過的母子身上。然後，又不自覺地會去解讀那母子間的心靈交流。

「那個媽媽用非常嚴厲的眼光看孩子。媽媽一定急得想對孩子說『你讓媽媽很頭痛』吧！而這個媽媽在小時候，一定也曾被罵得很慘……」

「啊，那位媽媽，對著孩子生氣大吼『我不管你了』！那樣地大聲說……。她的大腦現在一定很興奮吧。」

「這個孩子，大概還在念幼稚園吧。媽媽大步地走在前面，他拚命地默默地在後面追著。他在擔心媽媽的心情不好吧……」

像這樣，我去買東西時的所見所聞，真是多得不勝枚舉。有時候也會碰到媽媽打孩子的狀況，也會猶豫著該怎麼介入。如果出聲制止的話，怕會把媽媽逼急了說：「你看，都是因為你，害我丟臉！」反而讓媽媽變得情緒更為激烈。所以我只建議光看就好，不要去制止。

你問我這樣觀察周圍的人不會累嗎？不會，不會！那是很快樂的事。也許因為這是我的專業，才會有這麼多的想法，這麼多的樂趣。我也想建議媽媽們試試這種「觀察」，很有意思的。不要老是被「討厭的母親模樣」奪去妳的目光，也觀察一下身旁的媽媽們，並試著評論看看。像對孩子說的話、牽孩子手的方式、看孩子的眼光、漫不經心的表情、動作……。吃飯時的姿勢、決定買東西時的催促方式、對吵著要買東西的孩子的責備方式……。不聽孩子說話的時候、媽媽累的時候、我想都可以看見面具下媽媽的真實樣貌！

我希望透過這樣的觀察，你可以知道「原來其他的媽媽，對孩子也不是這麼拿手！」你就不用老是羨慕別人了。看著不認識的媽媽「怎麼這樣」或「她很特別」，應該有許多事能讓你感到安心吧！還有，也請注意其他媽媽發出訊息的「矛盾」。例如措辭的謹慎度，內容的強制性以及無表情……。當然，觀察的時候，最好把自己和孩子之間的相處關係暫時擱置在一旁。

像這樣，對於相同的現象也會因為觀察的觀點改變，而了解到以前從未發現的事實，也可以因而享受新鮮感。如果是有爸爸在一起的一家人，也可以觀察這三人一起的組合。單從旁觀看，就可以讀出其中各種夫妻的關係。

這個「觀察」方法，也放在我特製的「教養急救箱」裡。無法從五花大綁、每天同樣對話中掙脫開來的母子，是不是意外地為你們開了一個通風孔呢？之後，妳一定會察覺到自己絕對不是「不好媽媽」這樣的時刻。

## 「問題」是孩子送給父母的禮物

閱讀到這裡的讀者，不論你的性別、年齡，我猜想在大人與小孩（父母與孩子）的關係上，多少是有點隔閡的吧！身為讀者的你是大人，而且大部分是媽媽吧！最後我想對兩個的「妳」提出呼籲。

第一，身為一個母親，對孩子不能按照期待教養而耗費心力的妳。

透過對於孩子的煩惱，給了妳一個思考家庭應有的樣子，以及人生意義的機會。如果沒有它，也許妳就不會去管這麼重要的人生課題，而會很浮面地、輕率地度過一生吧！因而無法體會到在人生最末期的瞬間，可以感受到「活著真好！」這樣的充實感受。

孩子常常會問媽媽「活著的意義」。孩子自己提出的「問題」，事實上也是在問母親自己。「問題」在不知不覺當中也為母親帶來追求自己原本樣子的動力。像來諮商的母親的動機，大多數都是為「孩子的事情」而來，這就是證據。諮商的主題遲早會由「孩子的事」變成「母親的事」，會從「家庭的事」到「母親以前的事」。經過這麼一個輪迴，終於能夠完成使命，解決孩子的問題。至少，來我這裡的諮商是屬於這樣的情況。

第二個想呼籲的是，在小孩時期的妳。當一個小孩時，妳也呈現出各式各樣的「問題」吧！那些問題為妳的家庭帶來什麼樣的影響呢？藉由那些問題，家庭有什麼還被捍衛著的？家庭面對了什麼樣的變化？還是無疾而終了呢？

試著想出一件或兩件，以前自己發生過被視為「是問題」的事情吧！而那一定是沒有被正確地對待過的事。即使如此，妳知道妳還是用妳的方式努力地「提出問題」了嗎？那些在妳心中一直都是分外強大、耀眼，且無可替代的時光啊！

那時還是孩子的妳，現在成為母親後，正盯著妳的孩子。

我深切地認為，再沒有比孩子的問題更能教大人認識許多的真實了。擁有改變大人最大的力量，就是小孩的問題。但如果是好孩子，就絕對沒有辦法辦到！因為大人會被他「好的一面」瞞過，無法回顧、反省自己的人生。所以，如果你被孩子的問題所困擾，那麼從現在開始要「謝謝孩子對你的教導！」因為原本是「黑」的東西，也能徹底地變成「白」的了。

問題是孩子的寶物。唯有重視它，才可能導引出「媽媽請不要管教」這樣一個結論。讓我們和曾經被貼上「不行」標籤的童年時代說再見，認真地相信那個純粹的可能性，然後從「一定要教養」的魔咒掙脫開來，讓自己重新獲得自由吧！

# 後記

本書的內容是由二〇〇四年一月至二〇〇五年二月在《草思雜誌》連載十四回的原稿，再加上一些修改而成的。

連載才開始，來自四面八方的各種迴響就已經傳來。主要的內容是瀏覽過的讀者所持的正反意見。這當中有很大的差異，我將其概分為二，然而這的確也是我的本意。我相信這所有的迴響，都是大家被觸動的內心想法。

這當中，有被傳統價值觀所困，好不容易才終於適應了新時代的男性們。也許他們本人對於這種「好不容易」沒有任何察覺吧！而對於那些不分青紅皂白的情緒反應、滿嘴說的都是道理的反駁，我雖然歡迎，但也會將其置之一旁。因為我想給的是為了管教兒女的瑣事而疲累不堪的媽媽們吹送一股溫暖和煦的風。然後，為自己幼時的悲傷而難過、因愛孩子而給了悲傷接力棒的媽媽們，我希望妳們能發現，唯有關心自己的人生，才能為孩子帶來幸福。

在整理本書稿件的時候，早報上刊載了下面這一則消息。這是某位官員在例行的記者會上講的內容，我做了一些引用。

「授課時間大幅減少，學生的學力當然無法提升。特別是國語・數學・自然・社會等基本科目的時間，無論如何一定不能減少。」

「包含綜合學習的時間、選修科目，尤其國語和數學是不是應該要再多下一些功夫呢？」

「文科省不想承認孩子的學力低落，那是因為他們不喜歡家長有意見，都是實施「緩和教育」造成的。所以我覺得這也許是成績低落的原因。還有，我也擔心孩子念書的動機會越來越缺乏。」

在閱讀本書的各位讀者們，對此發言又有什麼樣的理解呢？

可能會覺得「的確，就是這樣！應該再多準備讓孩子念書的環境，絕對不能在學力低落這一塊上踩剎車」吧！「也許是這樣，還是應該趁小孩還小的時候讓他們好好念書，否則他們的將來會很艱辛的……」也會有人這麼態度搖擺吧！

如果是這樣的話，那麼，我的能力不足，真是太可惜了。

最近在公開的場合聽到這樣的言論，感覺上好像學校保守派的勢力又增加了不少。如此一來，當然會增加重視諮商心理的老們的負荷。這個狀態真令人感到憂心。因為，這會引發教師們，而後是學校教育的分裂現象。

「緩和教育」或是「綜合學習」等的全人格成長的目的，會把想讓孩子學習學科的大人的欲望給抹殺掉。即使不是如此，大眾媒體揭露「學力低落」以來，許多媽媽就不再完全依賴學校，而是從低年級起，讓他們上補習班、找家教，加強他們的學力。那樣的努力會給孩子帶來什麼樣的將來呢？關於那些危險性，在本書中已經舉了許多具體的例子。從我和非常普通人的黑暗面接觸經驗中，我已經對媽媽們表達了充分的建言。

父母們想要為現在的孩子們、和未來的孩子們求取什麼樣的「孩童時代」呢？近來，要過個「像孩子的時代」本來就很困難。為了「幸福」這個最優先的育兒條件，我希望你們能經常去思考什麼才是最重要的事。

我們再回到連載的迴響吧！事實上不只外部（讀者），就連內部（相關者）也傳來非常強烈的迴響。

我要特別感謝負責本書的当間里江子小姐，在連載時期，她總是及時處理來自讀者的迴響，在微暗不明中拿著手電筒為我照亮前方。她不只是個編輯者而已，更將自身的育兒經驗、內省的想法、時而的混亂、疑問……告訴我，結果反而給了我許多的想法。於是，經過一年以上的來來往往，她親自告訴我這個事實：「母親是可以改變的！」詳細情況我就不多寫了。藉由文字的接觸，連頑固的信念，也會漸漸地緩和，於是開始自我要求修正。

即使不是面對面的、持續的諮商，藉由一支筆的力量，我確信同樣能產生如臨床那樣的效果，成為我更加加強「媽媽們可以改變」的信念。

我夢想著這個改變終會在媽媽們中擴展開來，再讓小孩們繼承，成為世界上最幸福的人們。

長谷川博一

平成十七年二月十四日

在情人節這一天我懷抱著「祈禱」

國家圖書館出版品預行編目資料

過度教養：危險的乖孩子、控制狂媽媽和缺席的爸爸 / 長谷川博一著；馬淑媛譯. -- 初版. -- 新北市：世茂, 2018.11
面； 公分. --（婦幼館 ； 164）

ISBN 978-957-8799-49-3（平裝）

1. 親職教育 2. 親子關係

528.2 107015159

婦幼館 164

過度教養：危險的乖孩子、控制狂媽媽和缺席的爸爸

作 者／長谷川博一
譯 者／馬淑媛
主 編／陳文君
責任編輯／曾沛琳
封面設計／林芷伊
出 版 者／世茂出版有限公司
地 址／（231）新北市新店區民生路 19 號 5 樓
電 話／（02）2218-3277
傳 真／（02）2218-3239（訂書專線）
（02）2218-7539
劃撥帳號／ 19911841
戶 名／世茂出版有限公司
酷 書 網／ www.coolbooks.com.tw
排版製版／辰皓國際出版製作有限公司
印 刷／祥新印刷股份有限公司
初版一刷／ 2018 年 11 月

I S B N ／ 978-957-8799-49-3
定 價／ 300 元

OKAASAN WA SHITSUKE WO SHINAIDE